Sinah Diepold

YOGA
FLOW
BALANCE

STRESS VERGESSEN,
ENERGIE TANKEN
UND **ZIELE** ERREICHEN

mit Fotografien von Susanne Schramke

EIN BUCH DER
EDITION MICHAEL FISCHER

Inhalt

Vorwort 7

YOGA 9
Warum Yoga? 10
Strömungen des Yoga 15
Die Yoga-Philosophie 19
Wie du mit diesem Buch praktizierst 25

FLOW 31
Warm-Up 33
Sonnengruß A Variation 41
Flow 1 Stress vergessen 51
Flow 2 Kraft tanken 61
Flow 3 Ziele erreichen 73
Flow 4 Unangenehmes Annehmen 83
Flow 5 Perspektive wechseln 95
Flow 6 Positive Energie 105
Cool-down 117

BALANCE 127
Flow Zusammen Partner-Yoga 129
Motivation 134

Über die Autorin 140
Dank 142
Über die Fotografin 143
Impressum 144

Vorwort

> *»Es gibt Dinge im Leben, die lassen sich nicht beschreiben, man muss sie erleben.«*

Ich kann versuchen, dir die wunderbarsten Orte auf der Welt zu beschreiben: den atemberaubenden Sonnenuntergang an einem verlassenen Strand auf Bali, Nordlichter, die sich auf einem See in der Wildnis Kanadas spiegeln, das tänzerische Schauspiel der Alvin Ailey Company in New York oder den Ausblick über Kapstadt am frühen Morgen nach einem schweißtreibenden Aufstieg auf den Tafelberg. Ich kann dir auch unzählige Fotos zeigen und im Detail berichten, wie es mir dabei ging. Du wirst aber dennoch nur einen Bruchteil dessen nachvollziehen können, was ich dabei erlebt habe. Solche Momente muss man selbst spüren, sehen, riechen, schmecken und hören. Diese ganz besonderen Augenblicke im Leben, ob sie nun irgendwo an einem fernen Ort stattfinden oder einfach nur der erste tiefe Atemzug frischer Luft bei einem Waldspaziergang sind.

So ähnlich geht es mir auch, wenn ich Yoga beschreiben soll. Was ist Yoga? Wie soll es sich anfühlen? Was soll es bei einem bewirken? Die Antwortmöglichkeiten sind so zahlreich und einzigartig wie wir Menschen selbst. Du musst Yoga selbst erfahren, musst dich darauf einlassen und mit offenem Herz und klarem Geist beobachten, was es in dir bewirken kann. Ob du es nun eher als körperliche Ertüchtigung und Stretching annimmst oder als spirituelle Praxis, Yoga soll dir im Großen und Ganzen zu einem guten Gefühl und zu mehr Zufriedenheit verhelfen.

Auch bei mir hatte es etwas länger gedauert, bis ich das verstand. Aber irgendwann hat es „klick" gemacht. Seitdem lässt es mich nicht mehr los, und mit jedem neuen Fetzen Information, mit jeder weiteren Minute Pranayama, Asanapraxis oder Meditation liebe ich Yoga mehr. In diesem Buch versuche ich, dir dieses Gefühl zu vermitteln, Wissen zu geben für das tiefere Verständnis und die richtigen Mittel an die Hand zu geben, um deine persönliche Verbindung zu Yoga zu kreieren und zu Hause zu praktizieren.

YOGA

WARUM YOGA?

EINE ZAUBERFORMEL GEGEN STRESS?

Die mir am häufigsten genannten Gründe, warum jemand mit Yoga beginnen möchte, sind wohl die Verbesserung der Beweglichkeit und die Reduktion von Stress. Beides wundervolle Ansätze. Meiner Meinung nach hat man dafür mit Yoga genau das richtige Mittel zum Zweck gefunden.

Wie mehrere Studien zeigen, besteht eine direkte Verbindung zwischen den unterschiedlichsten Krankheiten und Stress. Beinahe 90 % der modernen Krankheitsbilder sind direkt auf nervliche Anspannung und dessen Auswirkungen auf den Körper zurückzuführen. Bei Stress schüttet der Körper das Hormon Cortisol aus, welches lebenswichtige Funktionen übernimmt: Es setzt Energie im Körper frei und hemmt Entzündungen. Es wirkt sich aber auch stark schädigend aus, wenn es dauerhaft in hoher Konzentration im Körper vorhanden ist und so das Immunsystem schwächt. Das hemmende Cortisol begünstigt Entzündungsherde und trägt zu Wassereinlagerungen, Gewichtszunahme sowie der Verfettung von Gefäßen und Organen bei. So kann eine dauerhafte Belastung zu Herzinfarkt, Krebs, Schlaganfall und, um es auf die Spitze zu treiben, sogar zum Tod führen

Zahlreiche weitere Studien bestätigen allerdings auch, dass Cortisolwerte mithilfe von Atemübungen und Bewegung signifikant reduziert werden können. Sowohl das Atmen als auch die Bewegung spielen beim Yoga eine große Rolle, weshalb es sich ideal eignet, um Stress zu bewältigen. Wäre es nicht auch naheliegend, diese Erkenntnis, die zur Reduktion von Stress führt, dazu anzuwenden, die Lebenseinstellung durch Yoga positiv zu beeinflussen? Und nicht lediglich die Symptome zu behandeln, die meist eine Folge von chronischer Überlastung sind und die ohne eine langfristige und dauerhafte Veränderung des Verhaltens wohl immer wieder zurückkehren werden?

In der westlichen Welt geht es immer um Wachstum, sogar wenn etwas zurückgeht, wird es „negatives Wachstum" genannt – was soll das sein? Uns wird von klein auf unbewusst beigebracht, dass man immer *mehr* benötigt, um glücklich zu sein: mehr Geld, mehr Besitz, mehr, mehr, mehr. Das Ganze ist so tief in unserem Lebensstil verankert, dass wir es oft erst im hohen Alter infrage stellen. Und auch wenn man es in der Erziehung versucht zu vermeiden, gibt es zu viele äußere Einflüsse, die sogar Kinder zum Konsumverhalten ermutigen. Uns wird vorgemacht, dass „Mehr" glücklich macht. Und dafür braucht man Mittel, also Geld, was man meistens bekommt, wenn man viel arbeitet und erfolgreich ist. Manchmal steht dann sogar das Erreichen des Erfolgs über dem Glücklichsein.

Zusätzlich wird ein Nicht-erfolgreich-Sein von der Gesellschaft oft negativ angesehen. Das Scheitern, von dem der Mensch eigentlich am meisten lernt und an dem er wächst, wird weitestgehend aus Gesprächen gestrichen. Es gibt keinen Raum für Fehler, Durchhänger oder das Verfehlen von Zielen, denn dadurch entstehe ja kein Wachstum.

Bei solchen Anforderungen, die uns unterschwellig durch die Entwicklung der Konsumgesellschaft beigebracht werden, ist Stress bereits vorprogrammiert. Das zu beschreiben, stresst mich bereits.

Bitte nicht falsch verstehen: Dies hier soll keine gesellschaftskritische Darstellung sein, sondern nur ein Aufzeigen der Mechanismen, die hinter der Gesellschaft stecken und deren wir uns manchmal nicht ganz bewusst sind. Das soll heißen, du kannst weiter konsumieren, erfolgreich sein und viel Geld verdienen, aber du solltest dir klar machen, dass das nicht der Weg zu Glück und Zufriedenheit ist. Und wenn man das mal erkannt hat, verlieren Geld und Erfolg plötzlich den unverdient hohen Stellenwert im Leben. Yoga und die daraus resultierende Reduktion von Stress helfen dir, Fuß auf diesem Weg zu fassen und möglicherweise darüber hinaus. Die Ironie bei der ganzen Sache ist: Stress entsteht in deinem Kopf. Stress ist eine Reaktion des Körpers auf eine lebensbedrohliche Situation, z. B. wenn ein Säbelzahntiger vor dir steht und du ziemlich schnell weglaufen oder angreifen solltest – auch „fight or flight response" genannt. Unsere Urinstinkte wissen nur noch nicht, dass der Säbelzahntiger ausgestorben ist und dich das wichtige Meeting mit dem Vorgesetzten nicht in Lebensgefahr bringt. Dein Körper reagiert aber auf beide Situationen identisch, wenn du ihn nicht bewusst umziehst.

An dieser Stelle kommt Yoga ins Spiel. Yoga beschäftigt sich ganz bewusst mit dem Geist, dem Ego und diesem ungesunden, aber sehr menschlichen Mechanismus: dem Vermeiden *unangenehmer Dinge* und dem Festhalten *angenehmer Dinge*. Wenn uns etwas gefällt, möchten wir es besitzen, reproduzieren und immer wieder erleben, manchmal so sehr, dass wir es tatsächlich gar nicht vollkommen wahrnehmen. Beispielsweise wenn man den Sonnenuntergang auf Bali verpasst, da man versucht, ihn fotografisch festzuhalten, oder bereits überlegt, ob man ihn morgen Abend noch mal sehen kann. Die eher unschönen Dinge möchte man hingegen umgehen oder einfach ignorieren, wie ein wichtiges, klärendes Gespräch, ob nun mit dem Vorgesetzten oder dem Ex-Partner. Dieses andauernde Spielchen zwischen Festhalten und Vermeiden beschert uns das meiste Leid.

TIPP

Wer mehr zum Thema Festhalten und Loslassen erfahren möchte, dem kann ich das Buch „Jetzt! Die Kraft der Gegenwart" von Eckhart Tolle sehr ans Herz legen.

WACH AUF! SEI ACHTSAM!

Achtsamkeit ist das Stichwort – Aufwachen aus Gewohnheiten und unbewusstem Handeln. So viele Dinge machen wir jeden Tag und immer wieder und wissen gar nicht warum. Es ist Gewohnheit und wird im Alltag nicht hinterfragt, auch wenn es zu Unzufriedenheit und zum Unglücklich-Sein führt. Beispiele? Es sind einfache Dinge, z. B. sich beim Autofahren über die anderen Verkehrsteilnehmer aufregen, durch Zeit- oder Leistungsdruck die Konzentration schwächen, einen Streit anzetteln, da man einen beiläufig oder flapsig dahergesagten Kommentar persönlich nimmt …

Einmal durchatmen, einen Schritt zurück machen und hinterfragen. Warum mache ich das gerade? Warum maule ich schon wieder den anderen Autofahrer an, obwohl es mir nichts bringt und er auch nur möglichst schnell durch den Berufsverkehr zur Arbeit muss? Was steckt hinter dem blöden Kommentar der Kollegin? Vielleicht geht es ihr gerade im Privatleben nicht gut? Zurückmaulen hat bekanntlich noch nie jemandem geholfen.

Wenn wir in den Modus des Beobachters wechseln, sind wir präsent, im Jetzt, und nur hier können wir einen Einfluss auf unser Handeln und unser Leben nehmen. Ich kann etwas für „später" oder „morgen" vorbereiten, aber aktiv handeln kann ich ausschließlich in genau diesem Moment. Das ist wohl das beste Hilfsmittel gegen Stress: Ich kann mich sowieso nur darum kümmern, was im Moment passiert und worauf ich jetzt Einfluss nehmen kann. Wenn mein Zug verspätet ist und ich womöglich unpünktlich zu einer Besprechung komme, hilft es niemandem, gestresst zu werden, als Allerletztes dir. Du kannst nur agieren: Dir vornehmen, nächstes Mal den früheren Zug zu nehmen, überlegen, ob es eine andere Transportmöglichkeit gibt, oder entspannt Bescheid geben, dass es wohl später wird. Auch wenn es eigentlich nicht hätte passieren dürfen oder Konsequenzen haben kann, ändern wird ein gestresstes Verhalten die Situation trotzdem nicht, außer dass es dir dabei noch schlechter geht.

Im Yoga hört man immer wieder die Schlagworte „Achtsamkeit" und „Präsentsein". Oft können sich viele unter diesen Begriffen aber nicht viel vorstellen. Ich habe das erst nach der Lektüre des Buchs von Eckhart Tolle und den Philosophiestunden mit meinem Lehrer Hamid auf Bali ansatzweise verstanden. Was uns am schnellsten aus dem Jetzt holt, sind unsere Gedanken: später muss ich noch …, habe ich schon …, gestern hätte ich sollen … Viele schöne Momente gehen an uns vorbei, weil wir so sehr damit beschäftigt sind, über „vorher" und „später" nachzudenken. Wir verpassen „jetzt" und neigen dazu, immer für eine andere Zeit zu leben. Wir arbeiten unser ganzes Leben, um irgendwann später das Leben genießen zu können, wenn wir alt sind oder nicht einmal die Garantie haben, dass es ein Später gibt. Jetzt bloß nicht leichtsinnig werden und die Altersvorsorge kündigen! Finde mehr Freude und Erfüllung in der aktuellen Situation oder beobachte entsprechend die Situation und dich selbst, handle bewusst, um sie dahingehend zu verändern oder auch zu akzeptieren.

Momente, in denen es uns leichter fällt, ganz präsent zu sein, sind oft solche wie am Anfang beschrieben: der Sonnenuntergang auf Bali oder die Nordlichter in Kanada. Das alles hört sich zunächst sehr komplex an und schwer greifbar, aber eigentlich ist es ganz einfach. Das große Problem ist unser Kopf, sind unsere Gedanken. Denn dort entsteht, wie bereits beschrieben, dieser Stress. Genau dort werden wir aus dem Jetzt geholt, und dort bildet sich so viel selbstkreiertes Leid.

stant verändert. Wir haben nur einen flüchtigen Blick auf unendlich viele Dinge, die gleichzeitig passieren, verzerrt durch unseren beschränkten Blickwinkel, unsere Vorgeschichte, unsere Erwartungen und weitere, unbeeinflussbare Faktoren.

Wir vertrauen dem, was wir sehen, am meisten, obwohl die Augen bekanntlich das Wesentliche nicht sehen können: „Man sieht nur mit dem Herzen gut." Das sagte ja bereits der Fuchs zum Kleinen Prinzen. Wusstest du, dass unsere Augen die schlechtesten unserer Sinnesorgane sind? Aber genau diesem Sinn vertrauen wir am meisten? Wir Menschen sind schon komische Wesen.

UND WAS GENAU MACHT DANN YOGA?

Yoga nutzt die Konzentration auf den Atem und seine Verbindung mit der Bewegung bzw. dem Sitzen in Stille, um dich ganz in den präsenten Moment zu holen. Wenn eine Haltung oder der Flow den Körper so anstrengt, dass es deine ganze Konzentration und einen konstanten Atem benötigt, der Kopf gar keine Möglichkeit hat dazwischenzufunken, dann bist du präsent. Diese Anwesenheit lässt den Kopf und die Gedanken ruhen und schenkt dir dieses befreiende Gefühl, welches kommt, wenn du mit wachen Augen und offenem Herzen siehst, was ist. Richard Freeman, ein Schüler des Ashtanga-Yoga-Begründers Sri K. Patthabi Jois, schreibt in seinem Buch „The Mirror of Yoga", dass Yoga mit Zuhören beginnt: Denn nur, wenn wir zuhören, geben wir dem Raum, was wirklich ist. Beim Yoga lauschen wir dem Atem, dem Körper und dem, was unter der Oberfläche vor sich geht, nicht den selbstkreierten, wertenden und ablenkenden Gedanken.

ALSO RAUS AUS DEM KOPF!

Wir glauben alles, was da oben vor sich geht. Wie ein kleines Kind, das noch jedes Wort seiner Eltern für wahr hält: Auch ich habe damals die „Pommi Fitti" jauchzend verschlungen, obwohl es der verhasste Kohlrabi war, von meinen Eltern in Stifte geschnitten und als Pommes drapiert. Wir identifizieren uns so mit unseren Gedanken, dass sie zur unumstößlichen Realität werden. Aber es ist nur ein mikroskopisch kleiner Ausschnitt eines gigantischen Makrokosmos, der sich um uns herum kon-

In Patanjalis Yogasutra, dem Leitfaden des modernen Yogas, der auch den achtgliedrigen Pfad beinhaltet (mehr dazu auf S.19), wird Yoga als „Yogas Chitta Vritti Nirodha" definiert. Das ist Sanskrit und bedeutet, dass Yoga die Fluktuationen der Gedanken beruhigt. Wortwörtlich:

YOGA = *zu vereinen*
CHITTA = *Bewusstsein*
VRITTI = *Fluktuationen, Schwankungen*
NIRODHA = *das Beruhigen von*

Yoga beruhigt den Geist, bis ein Zustand vollkommener und totaler Stille herrscht. So ist der Blick auf das Leben klar und frei von Gedanken und Bewertungen wie *gut*, *schlecht*, *dein* oder *mein*. Yoga ist ein System unterschiedlicher Methoden, um diesen Zustand zu erreichen und uns von den Gedanken zu lösen. Denn es ist die Natur des Menschen, pausenlos einzuordnen, zu bewerten, zu vergleichen, zu kommentieren. Der durch Yoga hervorgerufene Zustand lässt uns mit allem, was ist, eins werden und uns mit unseren Mitmenschen, der Umwelt und dem großen Ganzen verbinden.

YOGA IST MEIN WERKZEUG

Während ich das hier schreibe, wird mir wieder klar, wie sehr ich Yoga liebe und wie viel es bereits bei mir bewirkt hat. Es gibt kaum etwas, hinter dem ich so ohne jeden Zweifel stehe. Zufriedenheit und Glück mit sich und der Umgebung finden: Das beginnt in unseren Köpfen, unserem Geist – genau dort, wo Yoga wirkt.

Für mich hat sich in den letzten drei Jahren, seitdem Yoga einen wichtigen Stellenwert in meinem Leben eingenommen hat, unbeschreiblich viel getan. Ich versuche, diese wunderschöne Philosophie fest in mir zu verankern und von Herzen nach ihr zu leben. Ich bin dankbar für alle Hochs und Tiefs, die ich bisher erleben durfte, und bin gespannt, was noch so kommt mit Yoga als meinem Werkzeug und meiner Lebenseinstellung.

Das Schöne an Yoga ist, dass es ganz individuell mehr oder weniger in das Leben integriert werden kann: Es kann sowohl ein körperliches Wohlfühlprogramm, ein gesundes und ausgewogenes Workout, eine Möglichkeit zum Abschalten vom Alltag als auch eine grundlegende Lebenseinstellung sein. Mit diesem Buch möchte ich dir für zu Hause und unterwegs die Möglichkeit geben, genau das auszuprobieren und für dich zu entdecken. Von mir für dich …

STRÖMUNGEN DES YOGA

DIE FRAGE NACH DER BESTEN SCHULE

Oft werde ich von meinen Abonnenten oder Kunden gefragt, welche Art von Yoga nun die beste oder welche gut für Anfänger sei. Die Frage danach ist einleuchtend, denn bei der unendlichen Vielzahl der Arten und Strömungen ist es fast schon unmöglich, den Überblick zu behalten: angefangen bei den „klassischen" Formen wie Hatha-, Tantra-, Ashtanga-, Kundalini- oder Sivanada-Yoga über die moderneren wie Bikram-, Vinyasa-, Jivamukti- oder Anusara-Yoga bis hin zu kleinen Trendarten wie Cross-Yoga, Bier-Yoga, Ziegen-Yoga oder Yogilates, um nur ein paar zu nennen, bietet die Palette alle möglichen Formen und Arten. Genauso ist es aber auch schwierig, diese Frage mit nur einem einzigen Wort zu beantworten.

Welches Konzept oder welche Schule nun wirklich „Yoga" ist, darüber lässt sich streiten. Ich bin der Meinung, jeder darf gern seine eigene Form entdecken, ausprobieren und praktizieren. Ob die sehr fitness- und schönheitsbetonten Konzepte Yoga im Kern treffen, ist für mich z.B. ein schwieriges Thema. Letztendlich plädiere ich aber für folgendes Motto: Je mehr Menschen sich mit Yoga beschäftigen und sich dadurch besser fühlen, umso besser! Das ist wie mit sehr billigem Wein: Man kann über den Wein streiten, ob dieser echter Wein ist, aber als Einstieg eignet er sich auf alle Fälle. Papas Spruch dazu: „Mädchentraube ist schon gut, gut zum Füße waschen." Der eine mag zum Weinkenner werden, und der andere ist glücklich, wenn „Wein" auf der Flasche steht – oder er bleibt doch bei der Apfel-

STRÖMUNGEN DES YOGA

schorle. Ich versuche an dieser Stelle, zu einer wichtigen Grundlage des Yoga zurückzukehren und mich darin zu üben: nicht urteilen.

Nun zurück zur Frage nach der vermeintlich besten Yoga-Art. Lass mich diese mit einer Gegenfrage beantworten: Was möchtest du mit Yoga erreichen?

> »Die spezifischen Unterschiede zwischen den traditionellen Yogaschulen ist weniger wichtig als die Tatsache, dass die meisten dasselbe Ziel haben: zu einer direkten Erfahrung der Wirklichkeit zu führen.«
>
> – Richard Freeman

Am Ende zielen alle klassischen Yogaschulen auf dasselbe. Welcher Weg und welcher Lehrer dich am meisten anspricht, kann nur durch Ausprobieren sicher beantwortet werden. Daher erkläre ich in diesem Abschnitt kurz die eher klassischen Formen des Yoga genauer und vor allem des Vinyasa-Yoga, auf dem dieses Buch basiert. So kannst du den größtmöglichen Nutzen aus deiner Yogapraxis mit „Yoga Flow Balance" ziehen.

Yoga bedeutet übersetzt „zu vereinen". Iyengar beschreibt dies wie folgt:

> »Yoga bedeutet Vereinigung. Die Vereinigung der individuellen Seele mit dem universellen Geist. Aber diese Beschreibung ist zu abstrakt, um leicht verstanden zu werden. Ich würde sagen, dass Yoga die Vereinigung des Körpers mit dem Geist und die des Geistes mit der Seele ist.«
>
> – B. K. S. Iyengar

Die unterschiedlichen Yogaschulen bestehen alle aus demselben Pool an Haltungen, den Asanas, und variieren oft nur in kleinen Details. Z. B. greift man in Trikonasana – dem Dreieck – im Ashtanga-Yoga nach dem großen Zeh, während man im Iyengar-Yoga die Hand hinter dem vorderen Bein auf dem Boden oder auf einem Block platziert. Beide Varianten haben ihre Vor- und Nachteile. Schlussendlich kommt es nur darauf an, welche Form dich persönlich anspricht, in deine Lebensphase passt oder besser für deinen einzigartigen Körper und Geist geeignet ist. Alle Formen haben, wie Freeman so schön beschreibt, dieselbe Intention für den Praktizierenden.

DIE UNTERSCHIEDLICHEN SCHULEN UND YOGAFORMEN

Yoga, wie wir es heute kennen, begann mit dem Guru Krishnamacharya, auch genannt der „Vater des modernen Yoga", der in den 1920er-Jahren die erste Hatha-Yogaschule in Indien eröffnete. Zu seinen Schülern zählten Patabi Jois, der Gründer des Ashtanga-Yoga, B. K. S. Iyengar und Indra Devi, die Yoga nach Amerika brachte. Von dort verbreitete sich die Lehre seit den letzten Jahren in der ganzen Welt, besonders in Nordamerika und Europa.

HATHA-YOGA
… ist ein sehr allgemeiner Begriff für Yoga und steht meist für Asanas, die sehr lange gehalten werden. Hatha-Stunden sind eher sanft und haben eine sehr genaue Ausrichtung. „Ha" bedeutet Sonne, „tha" Mond in Sanskrit. „Hatha" steht also für die Vereinigung der Gegensätze, die männliche und weibliche Energie oder auch Anspannung und Entspannung von Körper und Geist.

ASHTANGA-YOGA
Patabi Jois gründete diese Yogaschule in Mysore, Indien. Ashtanga ist mittlerweile eins der am weitesten verbreiteten Systeme. Es besteht aus vier Serien, die streng definiert sind: Erst wenn der Praktizierende die Asanas in einer bestimmten Reihenfolge nacheinander gemeistert hat, darf er weiter voranschreiten. Auch andere Yogaschulen haben eine festgelegte Reihenfolge von Asanas, die bis zur Perfektion geübt werden, z.B.: Bikram-Yoga, Sivananda-Yoga oder Yoga Vidya.

IYENGAR-YOGA
Diese Yogaschule ist nach ihrem Begründer B. K. S. Iyengar benannt und vor allem für ihre heilende Wirkung bekannt. In einer Iyengar-Stunde wird sehr detailliert auf die Ausrichtung in den Haltungen geachtet und viel mit Hilfsmitteln gearbeitet, wie Blöcken, Gurt, Decke, Kissen oder Stühlen. Beim Iyengar-Yoga werden die Haltungen, basierend auf Hatha-Yoga, lange gehalten.

RESTORATIVE YOGA, YIN-YOGA & YOGA NIDRA
Diese Yogaformen sind alles meditative und entspannende Stunden zum Komplett-Herunterfahren und zur gezielten Stressreduktion. In „restorative Yoga" arbeitet man viel mit Decken und Kissen. Der Praktizierende wird in tief entspannende Positionen geleitet, die dann ohne körperliche Anstrengung über einen längeren Zeitraum eingenommen werden sollen.

Beim Yin-Yoga bleibt man drei bis fünf Minuten in einer passiven Dehnposition, um das Bindegewebe bzw. die Faszien zu dehnen. Hier wird ebenfalls gerne mit Hilfsmitteln unterstützt.

Yoga Nidra ist eine geleitete, liegende Entspannungsstunde mit Meditation und wird gerne mal als „Schlafstunde" bezeichnet. Der Teilnehmer soll in dem erholenden Zustand zwischen Wach und Schlaf verweilen.

VINYASA/FLOW

Die am häufigsten angebotenen Yogastunden sind wohl Vinyasa- oder Flow-Yoga. Bei dieser Yogaform wird der Atem mit der Bewegung im Fluss synchronisiert, und der Yogalehrer leitet durch unterschiedliche Variationen des Sonnengrußes, einer Serie von bestimmten Haltungen. Es wird von einer Haltung in die andere „geflossen" mit Unterstützung und Betonung auf die Atemzüge: „one breath – one movement".

> »*Vinyasa-Yoga ›entzündet unser inneres Feuer‹, indem es die schlafende, vitale Energie (Prana) weckt, die in jedem von uns lebt. Durch die Kombination von Posen mit tiefem, rythmischem Atmen wird ein subtiler Verwandlungsprozess in Gang gesetzt – dieser produziert innere Wärme und einen stetigen Energiefluss, der den physischen sowie den energetischen Körper reinigt. Der Geist wird klar, der Körper wird durch die Befreiung in der Bewegung stark und feinfühlig. Dieser Rhythmus ist das Zentrum von Vinyasa und ermöglicht dir, in einem Zustand nahtloser Konzentration von einem Moment in den nächsten zu fließen. Wir nennen ihn FLOW.*«
>
> – Simon Park

Mir persönlich fällt Vinyasa-Yoga am leichtesten und fühlt sich am natürlichsten an. Ich glaube, es spricht unsere menschliche Natur an. Genauso wie die Welt sind auch unser Körper, unser Atem und unser Geist konstant im Fluss. Auch wenn wir schlafen, fließt das Blut weiter durch unsere Adern, der Atem versorgt uns ununterbrochen mit Sauerstoff, und der Geist schwimmt auf der Welle des Unterbewusstseins dahin.

Zudem liebe ich die freie Gestaltungsmöglichkeit und tänzerische Qualität, die sich bei der kreativen Verbindung der einzelnen Asanas entfaltet. Wenn der Atem und die Bewegung in einen natürlichen Einklang kommen, verbinden und öffnen sich Körper, Geist und Seele von ganz allein. Jede Yogastunde sollte mit unterschiedlicher Gewichtung Pranayama – Achtsamkeit auf den Atem –, Meditation und Asana beinhalten. Die Komponenten sind jedoch nicht getrennt zu betrachten und gehen meist fließend ineinander über.

Wie mit vielen Dingen, gilt es hier vor allem auszuprobieren. Yoga ist tiefschichtig, komplex, unendlich variabel und eine wunderschöne Philosophie und Praxis, mit der man viel über sich und die Welt lernen kann, um ein ausgeglichenes, gesundes und glückliches Leben zu führen.

DIE **YOGA-PHILOSOPHIE**

Es gibt viele Mythen um die genaue Entwicklung von Yoga und die der körperlichen Haltungen, aber eine Geschichte um den Ursprung der Asanas hat mich besonders beeindruckt und ein ganz anderes Licht auf die Philosphie geworfen:

Vor vielen Jahren zogen sich die ersten Yogis in die Natur zurück, weit weg von ihren Dörfern, um sich der Meditation und Erleuchtung hinzugeben. Sie saßen den ganzen Tag konzentriert in Meditation, merkten doch bald, dass ihre Rücken anfingen zu Schmerzen, dass das Sitzen immer mühsamer wurde und ihre Körper immer schwächer. Egal, wie stark der Geist und die Hingabe zur Meditation war, die Muskeln gaben immer mehr nach. Sie kamen auf die Idee, den Körper durch Übungen zu stärken, und da sie von Tieren umgeben waren, begannen sie, diese zu imitieren: Das Nach-oben- und Nach-unten-Schauen der Hunde, das Kopf-Heben einer Schlange oder die verwrungene Position eines auf dem Ast sitzenden Adlers.

Da diese Legende jahrhundertelang mündlich von Gurus an ihre Schüler weitergegeben wurde, kann man heute nicht mit Sicherheit sagen, ob es sich genau so abgespielt hat. Tatsache ist jedoch, dass zahlreiche Asanas, die der körperlichen Stärkung dienen sollen, an Tierfiguren erinnern.

Die Geschichte des Yogas ist unglaublich komplex und tiefschichtig. Sie blickt auf unendlich viele Mythen, Legenden sowie auf Jahrtausende der Entwicklung zurück und hat sich in unterschiedlichste Strömungen weiterentwickelt. Die Wurzeln können fast 5000 Jahre zurückverfolgt werden. Die klassische, heute uns bekannte Lehre wurde erst in den Jahren 50 bis 200 n. Chr. von Patanjali im „Yogasutra", in dem Yoga als achtgliedriger Pfad beschrieben wird, erstmals schriftlich festgehalten.

DIE ACHT GLIEDER DES YOGA

Mithilfe des achtgliedrigen Pfads soll im Yoga die Anhaftung an das Weltliche – an das, was wir sehen – überwunden werden. Mit seiner Hilfe lernt man, sich von der leidhaften Verstrickung mit der Welt zu lösen, um durch Achtsamkeit und Präsenz im Jetzt zu leben. Meistert man alle acht Übungen, steht am Ende des Pfads die Erleuchtung – zu sehen, was wirklich ist. Man existiert in vollkommener Harmonie mit sich und dem Universum.

Der Yogaleitfaden nach Patanjali zeigt wunderschön, dass Asana-Praxis, also die physische Komponente des Yoga, nur ein kleiner Teil eines Lebens auf dem

DIE YOGA-PHILOSOPHIE

Yogaweg ist. Die physische Praxis als Zugang zu Yoga – und der Verbindung von Körper und Geist – zu nutzen, ist besonders in der westlichen Welt verbreitet. Sie bietet wohl den direktesten Zugriff für eine sehr körperlich betonte Gesellschaft. Ich selbst bin dadurch zu Yoga gekommen und praktiziere ebenfalls vorwiegend Asana. Dennoch halte ich es für wichtig, auch die anderen sieben Bestandteile des Yoga zu kennen und zu verstehen. Im Folgenden wird deshalb ein kompakter Überblick über alle acht Bestandteile gegeben.

Der achtgliedrige Pfad besteht aus:

> **YAMA:** *universelle Moral für das Zusammenleben*
> **NIYAMA:** *Umgang mit sich selbst*
> **ASANA:** *körperliche Praxis und Haltungen*
> **PRANAYAMA:** *Atemtechniken*
> **PRATYAHARA:** *Kontrolle der Sinne*
> **DHARANA:** *Konzentration*
> **DHYANA:** *Meditation*
> **SAMADHI:** *Erleuchtung – Vereinigung mit dem Höchsten*

DIE YAMAS UND NIYAMAS

Wie in allen großen Religionen gibt es Gesetze und Gebote. In ihnen wird sehr doktrinisch und klar beschrieben, was man tun sollte, um ein guter Mensch im Rahmen der jeweiligen Religion zu sein. Im Yoga gibt es dafür die sogenannten Yamas und Niyamas, sozusagen die Dos und Don'ts des Yoga. Diese sind Richtlinien, die Teil der täglichen Praxis eines Yogis sind. Durch ihre eher allgemeine Formulierung können sie entsprechend der persönlichen Ausrichtung interpretiert und priorisiert werden. Die Yamas beschreiben zuerst den Umgang mit der eigenen Umgebung, den Mitmenschen und der Umwelt, so etwas wie eine universelle Moral für ein harmonisches Zusammenleben. Die Niyamas beschreiben den Umgang mit sich selbst, die eigene Berücksichtigung. Denn wie mein Lehrer Gwyn immer sagt: „A true servant takes care of himself first. – Ein wahrer Diener kümmert sich erst um sich selbst."

1. YAMAS

Ahimsa: keine Gewalt
Ahimsa ist wohl die bekannteste Richtlinie aus dem Yoga und spricht sich nicht nur gegen physische Gewalt aus, sondern auch gegen psychische Gewalt. Ahimsa steht für Achtsamkeit: wie man seine Worte wählt, welche Wirkung das eigene Verhalten auf andere hat. Es fordert vor allem Rücksichtnahme auf Mitmenschen, auf alle Lebewesen und die Umwelt. Es steht für Werte wie Güte, Großzügigkeit und Liebenswürdigkeit für die eigene Person und eine natürliche Balance zwischen gewaltvoller Gier und selbstzerstörerischer Aufopferung.

Satya: Ehrlichkeit
Satya steht dafür, die Wahrheit zu sagen. Jedoch unter Einbezug der gegebenen Situation. Es ist nicht immer erwünscht, die ganze Wahrheit zu sagen, da dies auch mehr Schaden als Gutes anrichten kann. Diesbezüglich kommt wieder Ahimsa ins Spiel, und man sollte lieber nichts sagen, als jemandem Schmerzen zuzufügen. Satya steht für ehrliche Kommunikation als Basis für jede gesunde Beziehung, Gemeinschaft oder Regierung.

Asteya: kein Diebstahl
Das Wort „steya" bedeutet „stehlen" in Sanskrit und die Vorsilbe „a" weist auf das Gegenteil hin: nichts zu nehmen, was nicht dein ist. Dieses Diebstahlverbot ist nicht auf Gegenstände oder Besitztümer eingeschränkt, sondern umfasst auch gedankliche Schätze, z. B. wenn einem etwas Geheimes oder Persönliches anvertraut wird. Asteya bedeutet auch, rücksichtsvoll mit der Zeit oder Zuwendung anderer umzugehen, denn auch das ist das persönliche Gut eines anderen. Und Zeit ist wohl das Wertvollste, das wir haben und das wir dem Gegenüber schenken können.

Brahmacharya: Kontrolle der Sinne
Dieses Yama ist ein eher Umstrittenes, denn es wird oft übersetzt als ein Leben im Zölibat. Wie in anderen Religionen soll das Kontrollieren dieser Energie den Ausführenden näher zum Höchsten bringen. Jedoch kann man Brahmacharya auch als verantwortungsvolles Umgehen mit der eigenen sexuellen Energie interpretieren: sie dazu zu nutzen, um eine Verbindung zum höheren Selbst herzustellen, und nicht, um anderen Leid zuzufügen.

Aparigraha: keine Anhäufung von Reichtum
Das letzte der Yamas ist vielleicht eines der bedeutendsten in der heutigen Zeit, denn es bezieht sich auf unsere Umwelt und das gigantische Ungleichgewicht zwischen Arm und Reich. Aparigraha erinnert uns daran, nur das zu nehmen, was man für das eigene Leben braucht. Weder Situationen, noch Menschen oder der Planet dürfen für das eigene Wohl oder die Anhäufung von Besitz ausgebeutet werden. Mit Aparigraha übt der Yogi das Nicht-Festhalten von Dingen und auch von Menschen, mit dem Verständnis, dass sich alles konstant verändert und nichts beständig ist.

2. NIYAMAS

Sauca: Reinheit
Das erste Niyama steht nicht nur für die äußerliche Reinigung des Körpers, sondern auch die innere Reinheit in Bezug auf einen gesunden Körper und einen klaren Geist. Die Praxis von Pranayama und Asana reinigt, entgiftet und hält den Körper fit. Meditation befreit den Geist von negativen Gedanken.

Santosha: Zufriedenheit
Santosha zu praktizieren, bedeutet zufrieden mit dem zu sein, was man hat, und nicht unglücklich über das zu sein, was man nicht hat. Dieses Niyama soll auch in schwierigen Situationen oder Lebensabschnitten ermutigen, sich daran zu erinnern, dass alles einen Grund hat. Frei nach Karl Valentin: „Ich lache, wenn es regnet, denn wenn ich nicht lache, regnet es auch."

Tapas: Disziplin
Übersetzt bedeutet Tapas, den Körper zu erhitzen und fit zu halten. Das reinigt ihn gleichzeitig. Asana und Pranayama eignen sich dafür ideal und lehren, die eigene Energie zu lenken und zu bündeln, um

ein bestimmtes Ziel zu erreichen, ein erfülltes Leben zu führen und sich dem höheren Ganzen zu widmen. Im Alltag kann Tapas auch geübt werden, indem man sich über einen bestimmten Zeitraum Regeln gegen die eigenen schlechten Angewohnheiten auferlegt: z.B. gegen das Rauchen, ungesundes Essen, zu wenig Bewegung, negative Gedanken, übermäßigen Konsum, konstantes Nörgeln und so weiter. Ich liebe dieses Niyama und übe mit ihm, um über einen bestimmten Zeitraum aus schlechten Angewohnheiten auszubrechen und zu erfahren, ob es mir ohne diese nicht viel besser geht.

Svadhyaya: Selbststudium/Reflexion
Svadhyaya meint die Reflexion des eigenen Handelns und Denkens, um mehr Achtsamkeit in Bezug auf den Umgang mit unserer Umwelt und uns selbst zu üben. Bei Svadhyaya ist man sich selbst der beste Lehrer und Schüler, um ausgeglichen und nicht reaktiv in unerwünschten oder unangenehmen Situationen zu handeln. Svadhyaya heißt übersetzt „an etwas nah herangehen" – den Ursprung eines Gefühls betrachten, ohne sich damit zu identifizieren wie z.B. Neid, Eifersucht oder Wut.

Isvarapranidhana: Hingabe
Das letzte Niyama steht für die Hingabe an Gott, an das Höchste oder ein anderes universelles Prinzip, je nachdem wie es definiert wird. Es geht darum, sich mit ganzem Herzen einer Sache hinzugeben, alle anderen Dinge und Geschehnisse loszulassen und damit Präsenz zu üben. Beispielsweise auch, wenn man künstlerisch tätig ist, z.B. ein Gemälde malt, ein Lied singt, ein Instrument spielt oder tanzt und sich komplett in der Ausübung verliert, ist dies Isvarapranidhana.

3. ASANA
Übersetzt bedeutet Asana „sitzen" oder „in Ruhe sitzen". Die körperliche Ertüchtigung mit den unterschiedlichen Haltungen wird allgemein in der westlichen Welt als Yoga verstanden, stellt aber, wie bereits erwähnt, nur einen von acht Schritten auf dem Pfad dar. Die vielen unterschiedlichen Asanas sollen den Körper stark und geschmeidig halten, um für längere Zeiträume in Meditation ohne Schmerzen oder gesundheitliche Probleme sitzen zu können. Ursprünglich diente der nun populärste Teil des Yoga nur als Mittel zum Zweck.

In der sehr körperlichen Gesellschaft, in der wir heute leben, schaffe ich es am besten, meinen Kopf abzuschalten und ganz präsent zu sein, wenn ich eintauche in Bewegung, schwierige Asanas oder einen schönen Flow.

Worauf du immer Rücksicht nehmen solltest, wenn du Asana praktizierst ist, dass ein Asana nie unter Schmerzen oder Unachtsamkeit des Atems ausgeführt werden soll. Hier kommt das Niyama Svadhyaya ins Spiel: Wenn ein Asana schmerzhaft ist, heißt das jedoch nicht, dass du sofort damit aufhören musst, sondern erstmal ruhig atmen, beobachten, wo es schmerzt oder möglicherweise warum (alte Verletzungen, besonders verkürzte Muskeln) und dann dementsprechend reagieren mit einer Variation, Hilfsmitteln oder korrigierter Ausrichtung. Du solltest in jedem Asana ein Gefühl von Leichtigkeit, Raum und Freiheit spüren. Manchmal braucht das etwas mehr Übung, etwas mehr Geduld und etwas mehr Zeit.

4. PRANAYAMA
Prana steht im Yoga für die universelle, uns alles umgebende Energie – die Essenz des Lebens. Pranayama ist die Kunst der Atemübung: den Atem zu kontrollieren und zu beherrschen. Der Atem ist eine Form von Prana und stellt unsere wichtigste Energiequelle für das Überleben dar. Die ungeteilte Aufmerksamkeit und Konzentration auf den Atem ist das einfachste Element, um bewusst Achtsamkeit zu üben. Unser Atem reflektiert direkt den Zustand unseres Geistes und umgekehrt. Das bedeutet, dass die aktive Beschäftigung oder Manipulation des Atems eine direkte Auswirkung auf den Geist und das Nervensystem hat. Je nach Technik und Inten-

tion kann der Atem anregend oder beruhigend wirken. Wie oft muss man mal „tief durchatmen", wenn man sich in einer stressigen Situation befindet, um sich zu beruhigen. Pranayama kann eine äußerst intensive Praxis sein, und die meisten Techniken sollten nur unter Aufsicht eines ausgebildeten Lehrers und nach langer Asana-Praxis geübt werden. Auf S.74 leite ich dich durch die Wechselatmung Nadishodana.

5. PRATYAHARA
Pratyahara steht für das Nach-innen-Lenken der Aufmerksamkeit und das Eintauchen in einen von Sinneseindrücken unbeeinflussten Zustand. Um diese Kontrolle zu üben, benötigt man eine ruhige Umgebung ohne konzentrationsstörende Einflüsse. Wie wäre es z. B. zu Beginn oder zum Ende einer Yogastunde?

6. DHARANA
Dharana bedeutet, die volle Konzentration auf einen Gegenstand oder eine Sache zu lenken, eine „Ein-Punkt-Konzentration". Es geht in die Richtung der gedankenfreien Meditation. Es braucht viel Geduld und Willenskraft, sich über einen längeren Zeitraum vollkommen auf eine Sache oder einen Zustand zu konzentrieren, ohne das Interesse zu verlieren.

> »Dhāranā ist die Fähigkeit, unseren Geist auf einen Gegenstand auszurichten.«
> – Patañjali, Yoga-Sûtra 3.1.

7. DHYANA
Dhyana zu beschreiben, ist äußerst schwierig, da es ein Zustand der kompletten Ruhe des Geistes und der Vereinigung des Geistes mit dem Objekt der Konzentration ist wie man in häufig in der Meditation erlebt. Der Yogi wird eins mit dem Gegenstand, und es herrschen vollkommene Stille und Leere in Körper und Kopf.

8. SAMADHI
Samadhi ist das höchste Ziel eines Yogis und stellt den Zustand absoluter Glückseligkeit dar – die Erleuchtung. Es entsteht ein Gefühl von vollkommener Einheit mit allem, das ist, und die Loslösung von der individuellen Identität. Samadhi ist kein konstanter Zustand, sondern wird oft als kurzer Moment der vollkommenen Klarheit und Zufriedenheit beschrieben.

Dharana, Dhyana und Samadhi sind alles Formen der Meditation. Sie widmen sich dem Umgang mit dem Geist und werden als „königliches Yoga" bezeichnet, wohingegen die ersten vier Schritte Yama, Niyama, Asana, Pranayama und Pratyahara, auf Patanjalis Pfad „praktisches Yoga" genannt werden.

WIE DU MIT **DIESEM BUCH** PRAKTIZIERST

WELCHEN HINTERGRUND HAT DAS BUCH?

Die genaue Idee hinter dem Buch ist es, dir ein Werkzeug an die Hand zu geben, mit Hintergrundwissen zu Yoga, und es soll dir als Inspiration für eine freie eigene Praxis dienen. Ich möchte dir die Scheu davor nehmen, zu Hause ein paar Minuten Yoga zu praktizieren, und einen Leitfaden an die Hand geben. Am Ende jedoch kann und soll das Buch einen guten Lehrer nicht ersetzen, der dir spezifische Korrekturen gibt, neue Ansätze zeigt oder dich an weitere Asanas heranführt. Denn in diesem Buch ist nur ein Teil der Vielfalt an Haltungen, Meditationsmöglichkeiten und Atemübungen dargestellt.

Jeden Tag Yoga ist traumhaft, aber wer schafft es schon, jeden Tag ins Studio zu einer Yogastunde zu gehen? Ich würde sofort, aber leider ist das nicht realistisch. Eine regelmäßige Yogapraxis ist gesund, macht glücklich und gleicht aus, also wäre es doch das Einfachste, die Praxis zu Hause zu vertiefen und sich ein Stück weit unabhängig zu machen.

Videos sind ebenfalls eine tolle Möglichkeit für eine kleine Runde Yoga zu Hause. Der Vorteil des Buchs ist jedoch, dass du dich ein wenig mehr in deinem eigenen Tempo bewegen, Übergänge ausprobieren und dir den Raum und die Zeit nehmen kannst, um herauszufinden, was dir gut tut.

WIE NUTZE ICH DAS BUCH?

Bei einer Yogastunde im Vinyasa-Stil sind der Kreativität keine Grenzen gesetzt. Es gibt die ganz klassischen Grundsätze, die man bei einer körperlichen Betätigung grob verfolgt: Man beginnt mit dem Aufwärmen und Mobilisieren der großen Muskelgruppen und Gelenke, dann folgt je nach Ziel und Sportart der Hauptteil der Einheit und danach idealerweise noch ein Abwärmen und Erholen. Dasselbe Prinzip gilt bei der Asana-Praxis, bei Pranayama oder der Meditation.

Wichtig ist bei deiner Praxis zu Hause, dass du sie deinen körperlichen Voraussetzungen und deiner Tagesverfassung anpasst, denn kein Tag gleicht dem anderen. Auch dein Körper und dein Geist befinden sich täglich in unterschiedlichen Verfassungen. Mal fällt dir die Praxis leicht, der Atem fließt, und du könntest ewig weitermachen, mal schleppst du dich durch und fühlst dich wie ein Schluck Wasser in der Kurve. Mal brauchst du eine intensive körperliche Einheit, mal eine sanfte und ruhige Praxis.

Um eine ideale Einheit zu kreieren, solltest du die einzelnen Bestandteile des Buches folgendermaßen durchführen:
1. Meditation zum Ankommen und Einstimmen
2. Mobilisierung und sanfte Erwärmung der großen Muskelgruppen und Gelenke
3. Sonnengruß als Ganzkörpererwärmung und zur Anregung des Kreislaufs
4. Die Flows zuerst langsam Schritt für Schritt erlernen
5. Dann die Asanas durch Übergänge verbinden und im Vinyasa-Stil praktizieren
6. Abwärmen, Stretchen, Ausgleichshaltungen
7. Savasana als Endentspannung

Das Buch funktioniert ein wenig wie ein Baukastenprinzip. Es gibt unterschiedliche Bausteine, die du in den Rahmen von Erwärmung und Cool-down einsetzen kannst. Je nach Zeit, Lust und Energie kannst du auch mehrere Bausteine/Flows einsetzen oder kombinieren. Vermeide nicht die Flows, die dir nicht liegen und schwerfallen, denn oft sind das genau die Dinge, die wir benötigen, um weiterzukommen, und die wir üben sollten.

1. FLOW RAUSSUCHEN

Als Erstes suchst du dir einen der sechs Flows aus, welcher dich gerade am meisten anspricht oder dir in deiner derzeitigen Situation Unterstützung sowie Inspiration bieten kann.

2. MEDITATION/PRANAYAMA

Am Anfang des jeweiligen Flows findest du einen Impuls für eine Meditation oder Atemübung, der als Einstieg für deine Praxis gedacht ist.

3. WARM-UP

Dann geht es an die Aufwärmübungen, die für alle Flows dieselben sind und für mindestens fünf Atemzüge gehalten oder im Wechsel wiederholt werden. Wenn dir eine zusätzliche Übung einfällt, bau diese gerne einfach ebenfalls für fünf Atemzüge ein.

4. SURYA-NAMASKAR-A-VARIATION

Danach geht es an die Variation vom Sonnengruß A als Ganzkörpererwärmung. Führe hier auch jede Seite dreimal ganz bewusst durch, achte auf deinen Atem. Falls du dich noch nicht ganz warm fühlst, wiederhole die Sonnengruß-Variation noch ein paar Mal und/oder beschleunige deinen Atem und die Bewegungen ein wenig.

5. FLOW

Nun ist es Zeit für den ausgesuchten Flow. Halte jedes Asana nacheinander für drei bis fünf Atemzüge, um es kennenzulernen und die Beschreibungen umzusetzen. Hier helfen dir auch die Pfeile und Grafiken in den Fotos, die dir zeigen, in welche Richtungen verlängert wird und wo die Energie fließt. Wenn du alle Haltungen auf beiden Seiten geübt und Übergänge ausprobiert hast, kannst du nun die Asanas aneinanderreihen und mit dem Atem koordinieren. Das mag dir die ersten Male noch etwas schwerfallen, aber gib dir Zeit und hab etwas Geduld. Am meisten lernt man ja bekanntlich auf dem Weg. Ich empfehle dir, den Flow mindestens dreimal pro Seite zu machen, dazwischen baust du jeweils ein Vinyasa ein, um den größten Vorteil aus deiner Yogapraxis zu schöpfen.

6. COOL-DOWN

Nun wird es wieder etwas ruhiger, und du widmest dich der Abwärmphase. Hier funktioniert dasselbe Prinzip wie bei der Erwärmung: jedes Asana mindestens drei bis fünf Atemzüge halten. Ausnahmen bilden die Umkehrhaltungen, die mit mindestens zehn Atemzügen länger gehalten werden sollten.

7. SAVASANA

Zum wundervollen Abschluss gibt es noch eine Endentspannung, dein Savasana.

WIE OFT SOLLTE ICH DIE FLOWS ZU HAUSE MACHEN?

Yoga ist neben der Aufrechterhaltung der körperlichen und geistigen Gesundheit nur Übung für das echte Leben, um wieder eine Verbindung zum eigentlich Wichtigen und Echten bekommen. Es ist in unserer Natur, Positives festzuhalten und Negatives zu vermeiden. Wie bereits in der Einleitung beschrieben, sind es genau diese unachtsamen Reaktionen, die uns unglücklich machen und Leiden lassen.

Wir üben auf der Matte: Entspannung, mit unangenehmen Situationen umzugehen, nicht festzuhalten und auf den eigenen Körper zu hören, um es dann im Leben anzuwenden.

Auf alle Fälle ist es wichtig, die Intensität und die Länge der Praxis abzuwechseln. Das Buch ist so konzipiert, dass du jeden Tag praktizieren kannst und am siebten Tag der Woche wiederholst, was dir besonders guttat oder vielleicht auch besonders schwerfiel.

WIE LANGE DAUERT EINE YOGASEQUENZ?

Die Durchführung einer kompletten Yogasequenz aus diesem Buch dauert etwa eine Stunde. Bei den einzelnen Flows findest du jeweils Angaben, wie lange du ungefähr für diesen Teil brauchst. Das kann jedoch sehr variieren, je nachdem ob du drei, fünf oder mehr Atemzüge hältst, wie oft du den Flow wiederholen möchtest oder ob du einfach mal ein verlängertes Savasana am Ende anhängst. Das ist wohl eines der schönsten Dinge bei der Praxis zu Hause, man kann selbst entscheiden, wie lange Savasana sein soll.

WAS, WENN ICH MAL WENIGER ZEIT HABE?

Die Wiederholungszahl der Flows kannst du theoretisch selbst bestimmen. Es gibt auch die Möglichkeit, falls mal nicht genug Zeit vorhanden ist, nur das Warm-up und den Sonnengruß zu machen. Du kannst das Warm-up weglassen oder nur den Sonnengruß als „Yoga-Snack" üben. Du kennst deinen Körper am besten und entscheidest, was für dich funktioniert. Hier kann ich dir nur ans Herz legen, auf deinen Körper zu hören. Wenn du in der Früh noch sehr steif bist, dann schenke dem Körper ein paar Katze-Kuh-Stretches oder beginne deine Praxis nicht unvorbereitet mit dem Handstand.

Es ist schwierig zu sagen, wann genau eine Veränderung eintritt und wie oft du praktizieren solltest. Es funktioniert nicht so wie bei einigen Online-Fitnessprogrammen, die dich nach nur sechs Wochen bereits krass, geil oder sexy machen. Aber ich würde sagen, körperliche Veränderungen und ein entspanntes Gemüt wirst du direkt nach der ersten Praxis spüren. Je länger und regelmäßiger du übst, umso länger hält der Effekt an. Für den Anfang empfehle ich dir zwei- bis dreimal pro Woche Yoga zu praktizieren und nach Ablauf der magischen sechs Wochen zu sehen, wie es dir damit geht. Idealerweise übt der Yogi jeden Tag: mal intensiver, mal nur Meditation, mal eine kürzere Sequenz. Aber mach keinen Zwang daraus, wähle vielleicht am Anfang der Woche zwei oder drei Zeitpunkte für deine Praxis und schreibe sie wie einen wichtigen Geschäftstermin in deinen Kalender.

WIE DU MIT DIESEM BUCH PRAKTIZIERST

WAS GENAU BRAUCHE ICH?

Ich habe die Asanas so gewählt, dass du im Endeffekt nur eine Matte brauchst. Es gibt jedoch Momente, in denen ein Block, ein Kissen oder eine Decke auf jeden Fall hilfreich sein können. Vor allem wenn du noch etwas steif bist, kann ich dir einen Block sehr empfehlen. Wenn es das Wetter anbietet und du die Möglichkeit hast, kann man auch traumhaft draußen praktizieren, es gibt kaum etwas Schöneres.

KANN ICH MICH BEI YOGA VERLETZEN?

Verletzungen sind immer ein Risiko bei körperlicher Betätigung, daher ist es so wichtig, auf deinen Körper zu hören, um zu lernen, wann du dich noch ein wenig weiter anstrengen kannst oder einen Schritt zurück machen solltest. Es ist okay, wenn eine Haltung sich unangenehm anfühlt, deswegen gibt es sogar einen ganzen Flow, der aus den eher unangenehmen Positionen besteht. Meistens sind es genau die Asanas, die dich weiterbringen, den Körper heilen und dir wirklich guttun. Bei mir sind das wohl der Delfin oder die Pincha Prep. Aber es gibt einen klaren Unterschied zwischen unangenehm und schmerzhaft. Ein wenig Unbehagen brauchst du, um weiterzukommen, aber Schmerzen können zu Verletzungen und Überbelastung führen. Vor allem bei Armbalancen wie dem Handstand oder Unterarmstand ist es wichtig, einen Schritt nach dem anderen zu gehen und auf die Tipps im Buch zu achten.

DARF ICH YOGA MACHEN, WENN ICH VERLETZT BIN ODER KRANK?

Bei Verletzungen durch Yoga oder andere Umstände bitte eine Pause machen. Nichts machen, was die Verletzung aufflammen lässt. Du kannst, wenn dein Arzt das Einverständnis gegeben hat, sanft praktizieren, aber sei achtsam mit dir. Ein paar Tage oder möglicherweise Wochen machen dich nicht zum Profi-Yogi genauso wie eine Pause dich nicht komplett von vorne beginnen lässt. Es mag nach einer Pause wegen einer Krankheit oder Verletzung anfangs zwar so wirken, aber der Körper erinnert sich schnell, und du bist bald wieder an deinem vorherigen Ausgangspunkt. Bei Krankheiten gilt dasselbe Prinzip, vor allem Vorsicht bei Erkältungen und Bewegung. Unterschätze ihre Wirkung nicht!

KANN ICH YOGA PRAKTIZIEREN, WENN ICH SEHR UNBEWEGLICH BIN?

Das ist wohl eine der Fragen, die ich am häufigsten gestellt bekomme. Natürlich fallen dir manche Haltungen leichter, wenn du beweglicher bist, aber darum geht es ja am Ende nicht. Mit Geduld und kontinuierlicher Praxis wird sich deine Beweglichkeit verbessern, du baust Kraft auf, und du entwickelst ein besseres Körpergefühl. Am Ende zählt jedoch das Gefühl danach, ganz egal ob du den Kopf zwischen die Beine bekommst, den Fuß hinter den Kopf oder den Handstand halten kannst. Das sind alles nur Mittel zum Zweck.

Falls du noch mehr Fragen hast bezüglich des Buches, melde dich gerne direkt bei mir (S.141).

FLOW

WARM UP

Das Aufwärmen bereitet dich mental und körperlich auf die unterschiedlichen Flows vor. Lass dir Zeit dafür, gib deinem Körper die Möglichkeit anzukommen und dem Geist sich zu beruhigen. Morgens ist der Körper oft noch etwas steifer, dafür der Geist schon bei allen Dingen, die noch erledigt werden müssen. Abends ist es gerne mal andersrum. Wann immer du die Zeit für deine Praxis wählst, mach es bewusst und präsent. Die ersten 10 Minuten sind oft die schwierigsten, aber genau dann solltest du das Tempo erst recht herausnehmen, den Atem vertiefen und dich dem eigenen Wohlbefinden widmen.

»Bau das Warm-up am besten zwischen die Meditation und den eigentlichen Flow ein.«

Dauer
15 Minuten

Material
Decke

Aushalten
jedes Asana mindestens 5 Atemzüge

Wiederholungen
1-mal komplett durchführen

WARM-UP

SITZEN MIT GEKREUZTEN BEINEN

1

▶ Hier ist es besonders wichtig, dass du bequem sitzt. Wenn dein Körper die gekreuzten Beine nicht mag, dann setz dich auf deine Fersen oder sogar auf einen Stuhl. Oft genügt es, wenn du einfach auf ein Kissen oder einen Block zurückgreifst. Fang nicht jetzt schon an, dich zu quälen, mach es dir einfacher.

Je nach Flow kann es sein, dass die Sitzhaltung sich ändert oder die Handhaltung für eine Atemübung. Hier gilt immer noch: bequem und aufrecht

aufgerichtete Wirbelsäule

lange Flanken

weicher Brustkorb

Schulterblätter sinken nach unten hinten

entspannter Körper – Kiefer, Zunge und Gesicht

Hände auf den Knien oder im Schoß

KIND | BALASANA
2

▶ Balasana ist deine Sicherheitsposition und dein Ruhepol. Wann immer du eine Pause brauchst, du unterbrochen wurdest und wieder in Ruhe einsteigen möchtest oder du einfach merkst, dass es dir zu viel wird, dann ist Balasana perfekt, um neu zu beginnen.

Im Knien den Oberkörper so weit wie möglich nach vorne beugen

Gesäß zieht in Richtung Fersen

Große Zehen berühren sich

Knie leicht offen

Oberkörper ruht auf Innenseite der Oberschenkel

Stirn auf dem Boden

Arme lang nach vorne gestreckt

WARM-UP

KATZE-KUH
3

▶ Der absolute Erwärmungsklassiker in Yoga. Mit dieser Bewegungsfolge wird die Wirbelsäule erwärmt und geschmeidig gemacht. Hier kann man perfekt den Atem auf die Bewegung abstimmen und genauso wie Arme und Finger die Rumpf- und Bauchmuskulatur aufwecken. Achtung bei der Kuh nicht ins Hohlkreuz fallen, immer Länge im unteren Rücken kreieren.

Vierfüßlerstand

Platziere die Hände unter den Schultern, spreiz die Finger und erde vor allem Daumen, Zeige- und Mittelfinger

Platziere die Knie unter der Hüfte, lass die Zehen lang und schieb die Zehennägel in die Matte

EINATMEN
Bauch schwer, hebe Herz und Blick und zieh die Schulterblätter Richtung Wirbelsäule

AUSATMEN
schieb die Matte weg, werde rund im Rücken

Wiederhole im Wechsel mindestens 5-mal

ARMKREISE
4

Tipp
Vergrößere die Bewegung, indem du dich beim Ausatmen in Balasana zurückschiebst. Beide Seiten im Wechsel.

▸ Unsere Wirbelsäule kann sich nicht nur nach vorne, nach hinten und zu beiden Seiten neigen, sondern auch wunderschön rotieren. Das passiert ausschließlich aus der Brustwirbelsäule, keinesfalls aus der Lendenwirbelsäule.

Verlagere das Gewicht auf die linke Hand

EINATMEN
Kreise den rechten Arm von vorne oben

AUSATMEN
nach hinten unten und zurück unter die Schulter

Folge dem Arm sanft mit dem Blick

Wiederhole auf der anderen Seite im Wechsel mindestens 5-mal

SCHWEBENDER VIERFÜSSLERSTAND

▶ Mit dem nächsten Asana wird das Feuer erweckt und die Core (die Mitte) aktiviert. Versuche trotzdem, alle Atemzüge ruhig und gleichmäßig fließen zu lassen.

Stell deine Zehen auf

Schieb in die Hände, leicht runder oberer Rücken

Hebe die Knie ein paar Zentimeter von der Matte

HERABSCHAUENDER HUND (VARIATION)

▶ Um Länge in den Rücken zu bekommen, bleib erst für 5 Atemzüge in einer Variation vom herabschauenden Hund. Hier stärkst du deinen Schultergürtel und erhitzt den Körper noch ein wenig mehr.

Schieb dich langsam und bewusst mit der Ausatmung aus den Armen zurück

Lass die Beine tief gebeugt – Bauch auf oder in Richtung Oberschenkel

Zieh die Sitzbeinhöcker Richtung Decke

HERABSCHAUENDER HUND | ADHO MUKHA SVANASANA
7

- Der herabschauende Hund ist der Ausgangspunkt für deine unterschiedlichen Flows und eine der wohl bekanntesten Yoga-Haltungen. Verändere die Haltung so, dass sie sich für dich gut anfühlt.

- Aus der Variation fang mit der Ausatmung langsam an, die Beine zu strecken

- Die Fersen streben Richtung Boden

- Schieb dich aus den Armen aktiv zurück

- Aktiviere deine Core, indem du den Bauchnabel sanft nach innen-oben ziehst

- Kreiere viel Platz zwischen deinen Schultern und deinen Ohren, werde weit und lang über den Rücken

HINWEIS

Falls die hinteren Oberschenkel sehr kurz sind, beuge die Beine.

Falls der untere Rücken rund ist, beuge die Beine und schiebe dich aktiv aus den Armen zurück.

Falls die Schultern zwicken, dreh die Finger etwas nach außen oder platziere die Hände ein wenig weiter auseinander.

Falls du rutschst, mach den Hund ein bisschen kleiner. Ggf. solltest du dich auch nach einer besseren Yoga-Matte umsehen.

SONNENGRUSS A VARIATION

Der Sonnengruß oder Surya Namaskar ist die grundlegende Abfolge von Haltungen zur Erwärmung des ganzen Körpers. Es gibt viele unterschiedliche Variationen neben den klassischen A und B. Ich zeige dir eine Variation von Surya Namaskar A. Im Gegensatz zum Warm-up bekommen die Übergänge zwischen den unterschiedlichen Asanas ab hier mehr Bedeutung, da im Fluss des Atems kontinuierlich von einer Haltung in die andere übergegangen wird. Es ist wichtig, dass du dich zu Beginn langsam und bewusst bewegst, um die Bewegungen mit jeder Praxis zu verfeinern und einen starken, ganzheitlichen und meditativen Fluss zu kreieren.

»Mach doch mal die Augen zu und versuche nur zu spüren, wie sich die einzelnen Asanas anfühlen und wie schwierig die einfachsten Haltungen und Übergänge werden, wenn man nicht sieht.«

Dauer
10 Minuten im Fluss ausführen

Material
keines

Aushalten
pro Asana 1 Atemzug*

Wiederholungen
5-mal

*wer will, auf Musik abgestimmt: 4 Zählzeiten ein-, 4 Zählzeiten ausatmen

SONNENGRUSS A VARIATION

BERG | TADASANA

▶ Der aufrechte Stand mit gleichmäßiger Gewichtsverteilung auf beiden Füßen. Das scheint eine der wohl einfachsten Asanas zu sein, ist bei sehr präziser Ausrichtung aber sehr anstrengend und anspruchsvoll.

Füße hüftbreit platzieren

Schieb die ganzen Füße gleichmäßig in den Boden, das verlängert nach oben

Neutrales Becken: Bauchnabel leicht nach innen-oben ziehen und Steißbein herabsinken lassen

Schultergürtel über die Hüfte

Schulterblätter sanft nach hinten-unten schmelzen lassen

Arme locker neben dem Körper

Langer Nacken

Kinn parallel zur Erde und Blick geradeaus – eher leicht nach oben

Kiefer, Zunge und drittes Auge entspannen

BERG MIT ERHOBENEN ARMEN | URDHVA HASTASANA

2

▸ **EINATMEN**

Hebe die Arme über die Seite nach oben

Lass die Schulterblätter natürlich rotieren

Arme maximal schulterbreit öffnen

Entspanne den Nacken und die Schultern

Behalte die Ausrichtung von Tadasana

STEHENDE VORWÄRTS-BEUGE | UTTANASANA

3

▸ **AUSATMEN**

Beuge dich von der Hüfte mit langem Rücken kontrolliert nach vorne

Führe die Arme in einem weiten Kreis über außen Richtung Boden

Beuge die Knie ein wenig und dreh die Oberschenkel sanft nach innen

Rücken so lange wie möglich lang und kräftig halten

Beuge die Beine, damit die Hände den Boden berühren, und lass den Kopf fallen

SONNENGRUSS A VARIATION

HALBE STEHENDE VORWÄRTSBEUGE | ARDHA UTTANASANA

▸ **EINATMEN**

Bring die Fingerkuppen auf die Matte oder die Hände auf die Schienbeine

Beuge die Beine so weit, wie du es brauchst

Schiebe aktiv in die Fingerkuppen oder in die Hände

Verlängere die Wirbelsäule und kreiere Platz zwischen den Wirbeln

Schmiege die Schulterblätter sanft an die Wirbelsäule

4

HINWEIS

Falls du zwei Blöcke hast, kannst du den gesamten Sonnengruß mit den Händen auf diesen machen. Das gibt dir mehr Platz für das Vor- und Rücksteigen, und erleichtert dir die Ausfallschritte sowie das Chaturanga Dandasana.

AUSFALLSCHRITT RECHTS ZURÜCK

5

▶ **AUSATMEN**
Verlagere das Gewicht auf den linken Fuß

Steige mit dem rechten Fuß weit zurück

Schiebe durch die rechte Ferse zurück und durch das linke Knie und Scheitel vor

LIEGESTÜTZPOSITION

6

▶ **EINATMEN**
Verlagere das Gewicht auf die Hände und platziere sie unter den Schultern

Löse den linken Fuß und steig kontrolliert hüftbreit zurück

Werde weit über den oberen Rücken

Richte das Becken auf: Bauchnabel nach innen oben, Sitzbeinhöcker Richtung Fersen

AUSATMEN
Senke dich langsam ab in Chaturanga Dandasana

SONNENGRUSS A VARIATION

KOBRA | BHUJANGASANA
7

▶ **VARIANTE 1: EINATMEN**

Beginne die erste Runde mit der Kobra und gib der Wirbelsäule die Möglichkeit, geschmeidig zu werden

Verlängere die Wirbelsäule und hebe den Oberkörper nach vorne oben

Schiebe die Hände und die Zehennägel in die Matte

Entspanne den Po

Strecke die Arme nur so weit, dass der untere Rücken nicht komprimiert wird

In den weiteren Runden versuche Bhujangasana durch Urdhva Mukha Svanasana zu ersetzen. Sollte der heraufschauende Hund noch zu schwierig für dich sein, greife jederzeit wieder auf die Kobra zurück.

ALTERNATIVE HERAUFSCHAUENDER HUND | URDHVA MUKHA SVANASANA

VARIANTE 2: EINATMEN

Schiebe fest in die Füße und aktiviere dadurch die gesamte Vorderseite

Schiebe alle 10 Zehen so fest in die Matte, dass sich die Oberschenkel heben

Streck die Arme und bring die Schultern über die Handgelenke

Hebe dein Herz nach vorne-oben und roll die Schultern nach hinten-unten

Lass den Blick diagonal nach oben schweifen

HERABSCHAUENDER HUND | ADHO MUKHA SVANASANA

8

▸ **AUSATMEN**

Egal, wie oft du den Hund schon gemacht hast, gehe immer wieder alle Punkte durch und korrigiere deine Ausführung

Schau zum Bauchnabel und schiebe dich aus der Kraft im Bauch zurück

Du kannst auch über den Vierfüßlerstand die Zehen aufstellen und dich daraus in den Hund schieben

Bleib hier für 5 Atemzüge

SONNENGRUSS A VARIATION

AUSFALLSCHRITT RECHTS VOR

▶ **EINATMEN**

Steige mit dem rechten Fuß nach vorne zwischen die Hände

Schiebe durch die linke Ferse zurück und durch das rechte Knie und Scheitel vor

Kreiere Länge im Rücken

9

Tipp

Falls du mit dem Fuß nicht ganz zwischen die Hände kommst, hilf dir mit der Hand nach

STEHENDE VORWÄRTSBEUGE | UTTANASANA

10

▶ **AUSATMEN**

Steige mit dem rechten Fuß nach vorne

Beuge die Beine so weit wie nötig

Entspanne den Nacken und lass dich hängen

BERG MIT ERHOBENEN ARMEN | URDHVA HASTASANA

11

BERG | TADASANA

12

▶ **EINATMEN**

Beuge die Beine, so weit du brauchst

Spann deine Core an

Schieb mit den Füßen fest in den Boden

Hebe die Arme über die Seite nach oben

Tauch vom Scheitel mit langem Rücken zum Stehen hoch

▶ **AUSATMEN**

Hier jederzeit auch ein paar Atemzüge verweilen und wirken lassen

Beginne mit deinem ausgewählten Flow nach 3 bis 5 Wiederholungen

Flow 1

STRESS VERGESSEN

Stress entsteht zwar im Kopf, aber das zu wissen reicht oft nicht aus, um ihn abzuschütteln oder gar nicht erst entstehen zu lassen. Sobald du deinen Körper in einen entspannten Zustand bringst, wird der Geist ihm folgen. Mit diesem Flow kannst du ganz gezielt Stress reduzieren, vor dem Schlafengehen entspannen und deinem Körper einen wohltuenden Stretch schenken. Hier geht es etwas ruhiger zu.

Dauer
20 Minuten

Material
Decke

Aushalten
jedes Asana 5 bis 10 Atemzüge halten

Wiederholungen
1-mal jedes Asana halten, dann 3- bis 5-mal im Fluss

Flow 1 STRESS VERGESSEN

MEDITATION

Setz dich bequem hin und nimm dir mindestens 5 Minuten Zeit, deine Atemzüge zu zählen. Einmal Einatmen-Ausatmen ist eine Zählzeit. Zähle von 17 rückwärts. Bist du bei 1 angekommen, beginne von vorne. Du wirst sicher immer wieder vergessen, wo du warst, das heißt, du warst kurz unachtsam. Absolut kein Problem, einfach wieder bei 17 beginnen.

Schließ an die Meditation das Warm-up (S. 33–40) sowie Surya Namaskar A (S. 41–49) an. Sollte dir noch ein zusätzliches Asana in den Sinn kommen, füge es einfach hinzu.

HERABSCHAUENDER HUND | ADHO MUKHA SVANASANA

1

▶ **AUSATMEN (VERWEILEN)**
Komme aus Tadasana am Ende des Sonnengrußes in deinen herabschauenden Hund

DREIBEINIGER HUND | EKA PADA ADHO MUKHA SVANASANA

2

▶ **EINATMEN (VERWEILEN)**
Bring den linken Fuß Richtung Mittellinie und verlagere das Gewicht

Hebe das rechte Bein nach oben

Lass die Hüfte parallel

Schieb weiter zurück aus den Armen

AUSATMEN
Steig mit dem rechten Fuß zwischen die Hände

Linkes Knie tief und Zehen lang auf der Matte ablegen

Tipp

Wenn du eher entspannen möchtest, nutze den dreibeinigen Hund als Übergangsposition, ohne ihn zu halten.

Flow 1 STRESS VERGESSEN

NIEDRIGER AUSFALLSCHRITT

▸ **EINATMEN (VERWEILEN)**
Fließe in den niedrigen Ausfallschritt

Das vordere Knie ist weniger als 90 Grad gebeugt

Bring die Hände auf den Oberschenkel und streck die Arme

Richte das Becken so weit wie möglich auf

Lass die Hüfte sinken, ohne in ein Hohlkreuz zu fallen, indem du in den rechten Fuß schiebst

Dehne hier deine Oberschenkelvorderseite und den tiefen Hüftbeuger (M. Iliopsoas) des hinteren Beins

HALBER SPAGAT | ARDHA HANUMANASANA

Tipp
Den niedrigen Ausfallschritt und Ardha Hanumanasana kannst du perfekt ein paar mal im Wechsel machen als kleines Hüft-Vinyasa.

▸ **AUSATMEN (VERWEILEN)**
Verlagere das Gewicht auf das hintere Bein und strecke das vordere Bein

Leg dir etwas unter das Knie, falls nötig

Zieh die Zehen vom vorderen Fuß heran und verlängere den Rücken

Zieh die Hüfte vom vorderen Bein zurück und vom hinteren vor

Platziere die Hände wahlweise auf dem Oberschenkel

EINATMEN
Verlagere das Gewicht wieder zurück nach vorne

HALBER DREHSITZ | ARDHA MATSYENDRASANA
5

▶ **AUSATMEN**
Zieh das hintere Knie auf die Außenseite des vorderen Fußes

Erde beide Sitzbeinhöcker und den ganzen vorderen Fuß

Strecke das linke Bein nach vorne, wenn die Dehnung zu stark ist

EINATMEN
Verlängere deine Wirbelsäule, bevor du in die Drehung gehst

Hebe dazu den linken Arm

AUSATMEN (VERWEILEN)
Dreh dich nach rechts

Umarme das Knie mit dem rechten Arm und setz den linken Arm hinter dir als Stütze ab

Entspanne Nacken und Schultern

Massiere durch die Drehung deine Organe und deine Wirbelsäule

EINATMEN
Komm zurück in die Mitte

AUSATMEN
Streck das rechte Bein aus

Platziere die linke Fußsohle innen am rechten Oberschenkel

Flow 1 STRESS VERGESSEN

EINBEINIGE VORWÄRTSBEUGE IM SITZEN | JANU SIRSASANA

6

▶ **EINATMEN**
Hebe den linken Arm und richte dich auf

Dreh dich leicht nach rechts Richtung rechte Zehen

AUSATMEN (VERWEILEN)
Greife zum Fuß, Unter- oder Oberschenkel

Entspanne Schultern und Nacken

Behalte die Länge im Körper

EINBEINIGE VORWÄRTSBEUGE GEDREHT | PARIVRTTA JANU SIRSASANA
7

Tipp

Gehe bei Seitöffnungen nicht sofort an dein Maximum, sondern vertiefe sie Stück für Stück mit jedem Atemzug.

▶ **EINATMEN**

Komm zum Sitzen

Dreh dich zur offenen Seite deines Sitzes

Hebe deinen linken Arm

AUSATMEN (VERWEILEN)

Zieh dich lang und lehne dich mit dem Ohr Richtung rechtes Bein

Entspanne dich hier

Erde den linken Sitzbeinhöcker

Dreh die Achsel Richtung Decke

Werde lang durch den Scheitel

EINATMEN

Komm zum Sitzen mit langer Wirbelsäule

Bring deine Fußsohlen zusammen und lass die Knie nach außen fallen

Flow 1 STRESS VERGESSEN

SCHMETTERLING | BADDHA KONASANA

Tipp
Der Schmetterling bietet sich perfekt als Entspannungs-Quickie an, wenn es mal besonders stressig ist.

▶ **AUSATMEN (VERWEILEN)**
Greif deine Füße

Lass dich nach vorne hängen

EINATMEN
Roll dich hoch zum Sitzen

AUSATMEN
Stell die Füße hüftbreit auf

Platziere die Hände hinter dir, die Fingerspitzen zeigen nach vorne

TISCH | ARDHA PURVOTTANASANA

▶ **EINATMEN (VERWEILEN)**
Schieb in Hände und Füße und hebe dein Gesäß

Zieh die Schulterblätter zusammen und öffne die Brust

AUSATMEN
Setz dich sanft wieder ab

Tipp
Du kannst den Kopf auch fallen lassen, falls dein Nacken das erlaubt. Hebe ihn wieder mit der Einatmung.

VINYASA

EINATMEN
Liegestützposition

AUSATMEN
Chaturanga Dandasana

EINATMEN
Bhujangasana (Kobra) oder Urdhva Mukha Svanasana (heraufschauender Hund)

AUSATMEN
Adho Mukha Svanasana bzw. herabschauender Hund

Wiederhole den Flow 1-mal, indem du jedes Asana lange hältst, danach 3- bis 5-mal pro Seite im Fluss

Fließe abschließend in das Cool-down (S.117–125) und schließ deine Yogapraxis mit Savasana (S.125)

»Nimm dir Zeit für dich.«

Flow 2

KRAFT TANKEN

Manchmal fühlen sich der Alltag und all die Aufgaben darin an wie ein Strudel, aus dem man nicht mehr hinauszufinden scheint. Genau dann, wenn sich die Kräfte dem Ende neigen, kommt noch ein weiteres Projekt dazu, ein geliebter Mensch braucht Unterstützung und die Waschmaschine geht kaputt. Wenn etwas schief läuft, dann alles auf einmal. Jetzt heißt es erstmal durchatmen und eine Runde Kraft tanken. Ein ausgeglichener Flow aus stehenden Haltungen und dem Krieger II sind ideal.

Dauer	Material	Aushalten	Wiederholungen
20 Minuten	keine	jedes Asana mindestens 3 Atemzüge halten	1-mal jedes Asana halten, dann 3- bis 5-mal im Fluss

Flow 2 KRAFT TANKEN

MEDITATION | GANESHA MUDRA

Ganesha gehört wohl zu den bekanntesten Göttern im Hinduismus und wird „Herr der Hindernisse" genannt. Ganesha ist leicht zu erkennen am Elefantenkopf und der erhobenen rechten Hand. Er beseitigt Hindernisse für dich, kann diese aber auch kreieren und sie dir in den Weg stellen, wenn er es für notwendig hält.

Dieses Mudra sorgt für ein besseres Selbstvertrauen, löst Stress und Anspannung und schenkt Kraft:

Dreh die Hände aus Anjali Mudra, dass die Fingerspitzen in entgegengesetzte Richtungen zeigen und die rechte Handfläche zu dir zeigt

Greife alle 10 Finger ineinander

EINATMEN
Zieh die Arme kraftvoll auseinander

AUSATMEN
Lockere den Griff

10 Atemzüge wiederholen, dann wechsle den Griff

Schließ an die Meditation das Warm-up (S. 33–39) sowie Surya Namaskar A (S. 41–49) an. Sollte dir noch ein zusätzliches Asana in den Sinn kommen, füge es einfach hinzu

HERABSCHAUENDER HUND | ADHO MUKHA SVANASANA

1

▶ **AUSATMEN (VERWEILEN)**
Komme aus Tadasana am Ende des Sonnengrußes in deinen herabschauenden Hund

DREIBEINIGER HUND | EKA PADA ADHO MUKHA SVANASANA

2

▶ **EINATMEN (VERWEILEN)**
Bring den linken Fuß Richtung Mittellinie und verlagere das Gewicht

Hebe das rechte Bein nach oben

Lass die Hüfte möglichst parallel

Schiebe weiter zurück aus den Armen

Flow 2 KRAFT TANKEN
KNIE ZUR STIRN
3

▶ **AUSATMEN (VERWEILEN)**
Zieh dein Knie zur Stirn

Bring die Schultern über die Hände

Schiebe in den Boden und aktiviere deine Core

EINATMEN
Schiebe dich noch einmal zurück in den dreibeinigen Hund

AUSATMEN
Steig zwischen deine Hände nach vorne

Dreh den hinteren Fuß um 90 Grad und erde die Außenkante

KRIEGER II | VIRABHADRASANA II
4

Tipp
Spür die Weite über deine gesamte Rückseite und öffne dadurch die Vorderseite noch mehr.

▶ **EINATMEN**
Aktiviere deine Beine und bring dich mit einer Windmühlenbewegung der Arme zum Stehen

AUSATMEN (VERWEILEN)
Beuge das vordere Knie tief, bis sich das Knie über dem Knöchel und der Oberschenkel möglichst parallel zum Boden befinden

Breite die Arme zu den Seiten aus

Dein Blick geht über den Mittelfinger des vorderen Arms

GUT ZU WISSEN
In einer gewaltlosen Lehre wie Yoga stehen die Krieger nicht für das Bekämpfen eines Gegners, sondern für die eigene mentale Stärke. Sie bringen deine Aufmerksamkeit auf deinen inneren Kampf, der oft mehr Energie kostet als die von außen einwirkenden Faktoren. Die Krieger symbolisieren Offenheit und Willensstärke als die wichtigsten Komponenten für die persönliche Entfaltung: der Wille, um voranzukommen und für das zu „kämpfen", was dich bewegt. Die Offenheit für die unterschiedlichen und manchmal unerwarteten Möglichkeiten, die dir auf deinem Weg begegnen mögen.

Flow 2 KRAFT TANKEN

TANZENDER KRIEGER | VIPARITA VIRABHADRASANA

▶ **EINATMEN (VERWEILEN)**
Dreh die vordere Handfläche zur Decke und lehn dich in einem weiten Bogen zurück

Platziere den hinteren Arm als Unterstützung auf deinem Bein

Zieh die ganze vordere Seite lang, ohne die linke Flanke zusammenzuschieben

Blicke an der oberen Ellenbogenbeuge hoch

Tipp
Geh bei Seitöffnungen nicht sofort an das Maximum, bleib aktiv und vertiefe bei jedem Atemzug.

KRIEGER II | VIRABHADRASANA II

▶ **AUSATMEN**
Beende den Kreis mit dem oberen Arm und lass ihn vor dem Gesicht tief kommen

Werde kurz rund im Oberkörper, behalte aber die Beinposition

EINATMEN
Richte dich wieder auf und breite die Arme in Krieger II aus

AUSATMEN
Erde dich durch die Beine

Finde wieder den Fokus in Krieger II

CENTER-AKTIVIERUNG
7

Tipp
Hab das Gefühl, du kreierst einen Energieball zwischen den Händen und ziehst diesen dann zwischen den Händen auseinander

▶ **EINATMEN**
Strecke das vordere Bein fast ganz und bring die Arme vor dein Herz

Schließ dabei ruhig die Augen

Hier sollst du Kraft sammeln und ganz in dein Center kommen

AUSATMEN
Zurück in Virabhadrasana II

Wiederhole diese beiden Asanas mindestens 3-mal im Wechsel

SEITLICHER WINKEL | PARSVA KONASANA
8

▶ **EINATMEN (VERWEILEN)**
Bring den vorderen Ellenbogen auf den Oberschenkel

Zieh den hinteren Arm lang über den Kopf

Schieb in den unteren Arm und roll die Schultern weg vom Ohr

Schieb in die linke Außenkante des Fußes und bilde eine Linie bis zum kleinen Finger

AUSATMEN
Zurück in Virabhadrasana II

Tipp
Du kannst die untere Hand auch innen am Fuß platzieren, falls es deine Beweglichkeit zulässt.

 KRAFT TANKEN

ZURÜCKGELEHNTES DREIECK

9

▶ **EINATMEN (VERWEILEN)**
Lehne dich hier wie für den tanzenden Krieger weit zurück

Strecke dazu das vordere Bein, ohne die Erdung zu verlieren

Stütz dich ein wenig auf dem hinteren Bein ab

AUSATMEN
Aktiviere deine Beine und deine Core

Hebe den Oberkörper zurück und lass die Beine gestreckt

EINATMEN
Zieh mit den vorderen Fingerspitzen nach vorne

Zieh mit den Hüften Richtung hinteres Bein

Verlängere die Seiten

DREIECK | UTTHITA TRIKONASANA

▶ **AUSATMEN (VERWEILEN)**
Kipp mit dem Oberkörper nach unten

Platziere die untere Hand auf dem Schienbein und nutze es als Stütze

Beuge das vordere Bein leicht, damit du nicht im Knie stehst

Breite die Arme weit aus

Richte den Blick, falls möglich, nach oben

STERN | UTTHITA TADASANA

11

10

▶ **EINATMEN (ÜBERGANG)**
Mit aktivierter Core schiebe in die Beine und hebe den Oberkörper

Dreh den vorderen Fuß parallel zum hinteren Fuß

Hebe die Arme über außen diagonal nach oben

Flow 2 KRAFT TANKEN

SEITLICHER AUSFALLSCHRITT (KUNGFU-ARMEN) | SKANDASANA

▶ **AUSATMEN (VERWEILEN)**
Kreise die Arme weiter über oben nach innen-unten

Zieh den hinteren Ellenbogen hoch mit Kung-Fu-Fingern

Positioniere den vorderen Arm parallel zum vorderen Bein mit Kung-Fu-Fingern

Dreh beide Füße leicht nach außen

Verlagere das Gewicht auf das hintere Bein und beuge das Knie

12

Tipp
Bei Kungfu-Fingern bleiben Zeige- und Mittelfinger lang, während die anderen drei Finger am zweiten Gelenk gebeugt werden.

ALTERNATIVE SKANDASANA | BEI STEIFEN HINTEREN OBERSCHENKELN

▶ **AUSATMEN**
Bring die Hände vor dir auf die Matte

Lass das Gesäß nach hinten ausweichen

Dreh die Zehen vom vorderen Bein nach oben und zieh sie an

EINATMEN
Verlagere das Gewicht wieder in das vordere Bein

Komm in einen niedrigen Ausfallschritt

NIEDRIGER AUSFALLSCHRITT MIT TWIST
13

▶ **AUSATMEN (VERWEILEN)**
Schiebe die linke Hand in die Matte

Dreh den rechten Arm Richtung Decke

Schiebe weiter durch die hintere Ferse zurück und durch Scheitel und Knie nach vorne

VINYASA

▶ **AUSATMEN**
Bring die Hand zurück außerhalb vom Fuß

EINATMEN
Steig in deine Liegestützposition

AUSATMEN
Chaturanga Dandasana

EINATMEN
Bhujangasana (Kobra) oder Urdhva Mukha Svanasana (heraufschauender Hund)

AUSATMEN
Adho Mukha Svanasana bzw. herabschauender Hund

Wiederhole den Flow 1-mal, indem du jedes Asana lange hältst, danach 3- bis 5-mal pro Seite im Fluss

Fließe abschließend in das Cool-down (S.117–125) und schließ deine Yogapraxis mit Savasana (S.125)

Flow 3

ZIELE ERREICHEN

Manchmal bist du das Einzige, was dir im Weg steht, um ein Ziel zu erreichen. Das Vertrauen in die eigenen Fähigkeiten oder der Glaube ans Universum fehlen, du hast Angst vor dem Versagen. Um ein Ziel zu erreichen, muss das erstmal definiert werden. Das Universum wirft dir die Verwirklichung eines Herzenswunschs nicht einfach in den Schoß: Du musst hart dafür arbeiten. Um das zu üben, eignen sich Balancehaltungen. Sie geben dir direktes Feedback zu deiner Präsenz. Nur wenn du hoch konzentriert bist, kannst du an deine Grenzen gehen, sie austesten und sie überschreiten.

»Wenn man etwas ganz fest will, dann setzt sich das ganze Universum dafür ein, dass man es auch erreicht.«
– *Paulo Coelho*

Dauer
17 Minuten

Material
keine

Aushalten
jedes Asana 3 bis 5 Atemzüge halten

Wiederholungen
1-mal jedes Asana halten, dann 3- bis 5-mal im Fluss

Flow 3 ZIELE ERREICHEN

MEDITATION | NADI SHODHANA

Nadi Shodhana ist eine Wechselatmung und dient dem Ausgleich deiner Energieströme, den Nadis. Pingala Nadi und Ida Nadi schlängeln sich um deinen zentralen Energiekanal Sushumna und treffen sich entlang dessen in den Energiezentren, die Chakren genannt werden. Ida Nadi ist die weibliche Energie und endet im linken Nasenloch, Pingala Nadi ist die männliche Energie und endet rechts. Das Ganze hört sich sehr spirituell an, man kann die Energieströme für ein besseres Verständnis ein wenig mit unseren Nervenbahnen und unserem Rückenmark vergleichen. Aber vielleicht versuchst du mal, die Energiebahnen mit offenem Herzen zu spüren, denn genauso wie dieses bestimmte Bauchgefühl oder Intuition, die man nicht erklären kann, gibt es Dinge auf unserer schönen Welt, die man nicht sehen oder messen kann. Lass dich überraschen und am Ende zählt doch, dass du dich nach Yoga besser, ausgeglichener und glücklicher fühlst.

Bring die rechte Hand zu deiner Nase

Nutze den Daumen für das rechte Nasenloch

Nutze den Ringfinger für das linke Nasenloch

Verschließ das rechte Nasenloch zuerst und atme über links ein

Dann schließ links und atme über rechts aus

Atme über rechts ein und lass links verschlossen

Dann schließ rechts und atme über links aus

Wechsle immer nach der Einatmung

Wiederhole mindestens 20 Atemzüge und sitze für die restliche Zeit in Meditation und spür nach

Schließ an die Meditation das Warm-up (S. 33–39) sowie Surya Namaskar A (S. 41–49) an. Sollte dir noch ein zusätzliches Asana in den Sinn kommen, füge es einfach hinzu

HERABSCHAUENDER HUND | ADHO MUKHA SVANASANA

1

▶ **AUSATMEN (VERWEILEN)**
Komme aus Tadasana am Ende des Sonnengrußes in deinen herabschauenden Hund

DREIBEINIGER HUND | EKA PADA ADHO MUKHA SVANASANA

2

▶ **EINATMEN (VERWEILEN)**
Bring den linken Fuß Richtung Mittellinie und verlagere das Gewicht

Hebe das rechte Bein nach oben

Lass die Hüfte möglichst parallel

Schiebe weiter zurück aus den Armen

Flow 3 ZIELE ERREICHEN

KRIEGER I | VIRABHADRASANA I
3

▶ **AUSATMEN**
Steig mit dem Fuß zwischen die Hände

Bring den hinteren Fuß weiter nach außen

Dreh die hintere Ferse auf den Boden, achte auf einen 45-Grad-Winkel

Lass die Hüfte möglichst parallel nach vorne zeigen

Beuge das vordere Bein mit dem Knie über dem Knöchel

EINATMEN (VERWEILEN)
Richte den Oberkörper auf

Hebe die Arme schulterbreit diagonal nach oben

Schiebe in die Außenkante des rechten Fußes und streck das Bein

Rotiere den hinteren Oberschenkel und Hüfte dazu nach vorne

Verlängere die Wirbelsäule und die Flanken

Tipp

Krieger I fühlt sich für mich meistens komisch an, aber bei 10 Versuchen gibt es einen, der sich richtig gut anfühlt. Auch bei Krieger I gilt die Devise: dranbleiben.

KNIE ZUM BRUSTKORB STEHEND

▶ **AUSATMEN (VERWEILEN)**
Verlagere das Gewicht auf das vordere Bein

Versuche, ohne viel Schwung das hintere Knie zur Brust zu ziehen

Greif mit den Händen nach dem Knie und streck das Standbein

Richte dich komplett auf und erde durch den Fuß

EINATMEN
Kreuze das gebeugte Bein auf dem Oberschenkel des Standbeins

HALBER STUHL | ARDHA UTKATASANA

5

4

▶ **AUSATMEN (VERWEILEN)**
Setz dich tief

Hebe die linke Hüfte leicht an und senk das Knie ab

Hebe die Arme schulterbreit nach oben

Verlängere die Wirbelsäule

Flow 3 ZIELE ERREICHEN

ADLER | GARUDASANA

▸ **EINATMEN**
Breite die Arme zur Seite aus

Wickle das obere Bein um dein Standbein

AUSATMEN (VERWEILEN)
Wickle den rechten Arm über den linken Arm

Bring die Handflächen möglichst aufeinander, Daumen zum Gesicht

Entspanne die Schultern

Bring die Ellenbogen auf Schulterhöhe

Bring die Hände weg vom Gesicht

Press alle Gelenke aus

Finde einen ganz klaren Dristi – einen Fixpunkt – für eine bessere Balance

Tipp
Falls dein großer Zeh nicht um die Wade kommt, press den Fußrist dagegen.

EINBEINIGER BERG |
ARDHA TADASANA

▶ **EINATMEN (VERWEILEN)**
Wickle dich auseinander und streck das Spielbein gerade nach vorne

Hebe die Arme schulterbreit nach oben

Aktiviere deine Core

Tipp
Hier wird dein Wille getestet. Hebe das Bein höher, ohne mit dem Oberkörper auszuweichen.

7

STEHENDER SPAGAT |
URDHVA PRASARITA

8

▶ **AUSATMEN (VERWEILEN)**
Beuge das Standbein leicht

Tauche tief mit den Armen

Zieh das Spielbein Richtung Decke nach oben

Lass die Hüfte möglichst parallel

Wandere mit den Händen so weit wie möglich zum Standbein

Flow 3 ZIELE ERREICHEN

HANDSTAND | ADHO MUKHA VRKSASANA

▶ **EINATMEN**

Verlagere dein Gewicht auf die Hände

Aktiviere deine Core

Beuge das Standbein und komm auf die Zehenspitzen

AUSATMEN

Kick dich ein paar Mal nach oben und versuche „Airtime" zu bekommen

Vertraue deinem Gefühl und erzwinge es nicht

Versuche, den Handstand zu stehen und dabei nicht herumzulaufen. Es heißt ja auch Handstand und nicht Handspaziergang

Tipp

An dieser Stelle geht es darum, die Beine kurz zu entlasten. Bei Unsicherheit hör auf deinen Körper und übe Armbalancen mit Flow 5.

TIEF FLIEGENDER KRIEGER

▶ **EINATMEN (VERWEILEN)**

Beuge dein Standbein und verlagere das Gewicht

Hebe den Oberkörper und bring die Hände vor dein Herz in Anjali Mudra

Schiebe das linke Bein gegen eine imaginäre Wand

Verlängere die Wirbelsäule

AUSATMEN

Streck die Arme weit nach vorne aus

Beuge das Standbein immer tiefer

Platziere den Fuß sanft und kontrolliert auf der Matte

HOHER AUSFALLSCHRITT
11

▶ **EINATMEN (VERWEILEN)**
Hebe den Oberkörper und richte die Wirbelsäule auf

Schiebe durch die hintere Ferse zurück

Beuge das vordere Knie tief

VINYASA

▶ **AUSATMEN**
Bring die Hände zum Boden

EINATMEN
Steig in deine Liegestützposition

AUSATMEN
Chaturanga Dandasana

EINATMEN
Bhujangasana (Kobra) oder Urdhva Mukha Svanasana (heraufschauender Hund)

AUSATMEN
Adho Mukha Svanasana bzw. herabschauender Hund

Wiederhole den Flow 1-mal, indem du jedes Asana lange hältst, danach 3- bis 5-mal pro Seite im Fluss

Fließe abschließend in das Cool-down (S.117–125) und schließ deine Yogapraxis mit Savasana (S.125)

Flow 4

UNANGENEHMES ANNEHMEN

Es gibt diese unumgänglichen Dinge, die einfach niemand mag: zum Zahnarzt gehen, Fenster putzen ... Aber das Leben besteht nun mal nicht nur aus schönen Dingen – kein Hell ohne Dunkel. Wie würden wir uns sonst über einen sonnigen Tag freuen, wenn es keine regnerischen und kalten Tage gäbe? Yoga ist hier Übung fürs echte Leben. In diesem Flow findest du einige Haltungen, die man einfach nicht machen möchte. Versuche, sie bewusst auszuhalten. Mach dir klar, auch die unangenehmen Dinge gehen vorbei.

»This will also change« als Erinnerung an den Fluss des Lebens. Anstatt sofort auf Dinge zu reagieren, einfach mal innehalten und agieren.

Dauer
18 Minuten

Material
Block, Kissen oder Decke

Aushalten
jedes Asana 3 bis 5 Atemzüge halten

Wiederholungen
1-mal jedes Asana halten, dann 3- bis 5-mal im Fluss

Flow 4 — UNANGENEHMES ANNEHMEN

MEDITATION HELDENSITZ MIT MANTRA

Der Heldensitz dient als eine tiefe Dehnung der Oberschenkel, Knie und Fußgelenke. Ganz wichtig ist, dass du keinerlei Schmerzen oder Stechen in den Knien hast. Wähle die Sitzhöhe genau so, dass kein Schmerz entsteht. Konzentriere dich während deiner Meditation auf deinen Atem und wiederhole das Mantra „Alles ist im Fluss".

Setz dich auf einen Block, ein Kissen oder eine Decke

Schlag die Füße nach hinten um

Lass alle 10 Zehen nach hinten schauen

Je enger die Knie zusammen sind, umso tiefer die Dehnung

Lange Wirbelsäule

Zieh die Haut an den Knien mit den Händen etwas nach oben und roll die Waden leicht nach außen

Verlasse vorsichtig die Meditation, indem du die Hände vor dir aufstellst und die Beine nacheinander langsam nach hinten ausstreckst

Schließ an die Meditation das Warm-up (S. 33–39) sowie Surya Namaskar A (S. 41–49) an. Sollte dir noch ein zusätzliches Asana in den Sinn kommen, füge es einfach hinzu

HERABSCHAUENDER HUND | ADHO MUKHA SVANASANA

1

▶ **AUSATMEN (VERWEILEN)**
Komme aus Tadasana am Ende des Sonnengrußes in deinen herabschauenden Hund

EINATMEN
Spür die aufsteigende Energie über den Rücken nach oben

AUSATMEN
Spür die erdende Energie über die Rückseite der Beine nach unten

DREIBEINIGER HUND | EKA PADA ADHO MUKHA SVANASANA

2

▶ **EINATMEN (VERWEILEN)**
Achte darauf, dass die Schultern parallel bleiben

EINATMEN
Spür die aufsteigende, verlängernde Energie durch das obere Bein

AUSATMEN
Spür die herabsteigende, erdende Energie durch die Hände und den Fuß

Flow 4 UNANGENEHMES ANNEHMEN

LIEGESTÜTZ TWIST

3

▶ **AUSATMEN (VERWEILEN)**
Zieh das Knie an den gegenüberliegenden Ellenbogen oder drüber

Aktiviere deine Core

Zieh den Fuß ran und schiebe in die Hände

Atme trotzdem tief weiter

EINATMEN
Schiebe dich zurück in den dreibeinigen Hund

AUSATMEN
Platziere den Fuß zwischen den Händen

NIEDRIGER AUSFALLSCHRITT MIT OBERSCHENKEL-STRETCH
4

Tipp
Platziere die Hände auf Blöcken oder nutze einen Gurt als Verlängerung, falls du den Fuß nicht greifen kannst.

▶ **EINATMEN (VERWEILEN)**

Greif mit dem rechten Arm nach dem linken Fuß

Zieh die linke Ferse an den Po

Achte auf einen langen unteren Rücken

Rotiere sanft aus dem Brustkorb

AUSATMEN

Lass den Fuß kontrolliert los

EINATMEN

Stell die Zehen auf und verkleinere den Schritt

Streck die Beine

Dreh den hinteren Fuß etwa um 45 Grad und erde die Ferse

Verlängere noch mal die Wirbelsäule

HINWEIS

Hier kannst du ein kleines Oberschenkel-Vinyasa einbauen: Drücke beim Einatmen den Fuß in die Hand, dreh dich weiter auf, beim Ausatmen ziehst du die Ferse an den Po und bring die Schultern wieder parallel nach vorne.

Flow 4 — UNANGENEHMES ANNEHMEN

PYRAMIDE | PARSVA UTTANASANA

▶ **AUSATMEN (VERWEILEN)**
Fließe über das rechte Bein

Lass den Kopf los

Zieh den Hüftknochen des vorderen Beins etwas zurück, den des hinteren nach vorne

EINATMEN
Beuge das vordere Bein und verlagere das Gewicht nach vorne

Steige nach vorne, schließ die Füße

Greif die Hände hinter dem Rücken

STEHENDE VORWÄRTSBEUGE MIT SCHULTERÖFFNUNG

▶ **AUSATMEN (VERWEILEN)**
Lass dich so weit wie möglich nach vorne hängen

Roll die Schultern weg von den Ohren

Zieh die Arme über den Kopf

Schiebe die Füße gleichmäßig in die Matte

STUHL | UTKATASANA
7

▶ **EINATMEN (VERWEILEN)**
Löse die Hände

Beuge die Beine mit Gewicht in den Fersen

Hebe den Oberkörper

Aktiviere deine Core

Hebe die Arme schulterbreit neben die Ohren

Tipp
Utkatasana heißt übersetzt „unangenehm", genau so sollte sich das Asana jetzt anfühlen.

Flow 4 UNANGENEHMES ANNEHMEN

STUHL MIT TWIST | PARIVRTTA UTKATASANA

8

▶ **AUSATMEN (VERWEILEN)**
Bring die Hände in Anjali Mudra

Dreh dich nach rechts

Hake den linken Ellenbogen an die Außenseite des rechten Knies

Achte auf eine lange Wirbelsäule

Dreh den Kopf zur Seite oder sogar nach oben

EINATMEN
Schau nach unten auf deinen rechten Fuß

Verlagere das Gewicht darauf

Hebe den linken Fuß und strecke dann das Bein vorsichtig nach hinten

HOHER AUSFALLSCHRITT MIT TWIST

9

▶ **AUSATMEN (VERWEILEN)**
Steige kontrolliert zurück in einen großen Ausfallschritt

Vertiefe noch mal die Drehung

VINYASA

▶ **EINATMEN**
Steig in deine Liegestützposition

AUSATMEN
Chaturanga Dandasana

EINATMEN
Bhujangasana (Kobra) oder Urdhva Mukha Svanasana (heraufschauender Hund)

AUSATMEN
Adho Mukha Svanasana bzw. herabschauender Hund

Wiederhole den Flow 1-mal, indem du jedes Asana lange hältst, danach 3- bis 5-mal pro Seite im Fluss

Zwischen den Flows kannst du den Zusatz auf den folgenden Seiten einbauen. Delfin bzw. Pincha Prep sind gute Übungen, um sich schließlich an den Handstand heranzutasten

Flow 4 UNANGENEHMES ANNEHMEN

DELFIN BZW. PINCHA PREP | ARDHA PINCHA MAYURASANA

10

- Halte diese Position mindestens 5 Atemzüge zwischen den Seitenwechseln.
- Bring die Unterarme auf die Matte
- Verschränke deine Finger und lass den kleinen Finger, den Zeigefinger und die Daumen lang
- Schieb die Unterarme mit schulterbreiten Ellenbogen in die Matte
- Streck die Beine und komm in einen herabschauenden Hund auf den Unterarmen
- Schieb dich aus den Schultern zurück

HINWEIS

Yoga ist eigentlich nur „Üben" für das echte Leben. Genau deswegen gibt es diese unangenehmeren Haltungen, die man einfach nicht machen möchte. Anstatt aber sofort aus der Haltung auszubrechen, versuche tief durchzuatmen, die Haltung bewusst zu akzeptieren und dir dann klar zu machen, dass sie vorbeigehen wird. Genau wie die schönen Dinge, werden auch die Unangenehmen vorbeigehen.

UNTERARMSTAND | PINCHA MAYURASANA
11

▶ Hier hast du die Möglichkeit, etwas mit deiner Armbalance zu spielen. Sei bei dieser Umkehrhaltung aber vorsichtig, bleib kontrolliert und konzentriert.

Laufe so nah wie möglich zu deinen Armen

Wichtig: Schiebe dich immer aus den Schultern zurück, sodass sie über den Ellenbogen bleiben!

Versuche mal, einen Fuß nach dem anderen hochzuheben und übe einen dreibeinigen Hund auf den Unterarmen

Finde vielleicht Balance auf deinen Unterarmen

Fließe abschließend in das Cool-down (S. 117–125) und schließ deine Yogapraxis mit Savasana (S. 125)

Flow 5

PERSPEKTIVE WECHSELN

Kennst du dieses Gefühl, in einer Situation vollkommen festzustecken oder so gar keinen Ausweg zu finden? Oder eine Aufgabe scheint einfach zu schwer, über der eigenen Kompetenz und unlösbar? Hier braucht man Mut, Selbstvertrauen und einen Perspektivenwechsel. Probier es deshalb doch mal mit einem Handstand! Um diesen zu meistern, findest du hier unterschiedliche Übungen, die dir Kraft und ein Körpergefühl kopfüber schenken. Herz über Kopf heißt es jetzt, und genau das braucht es manchmal, um wieder neue Motivation und Inspiration zu tanken. Habe aber Geduld, falls der Handstand noch nicht Teil deiner Praxis ist oder dir noch sehr schwer fällt. Vertrau dir selbst und deiner Kraft – körperlich und geistig, aber bleib achtsam und geduldig mit dir.

Dauer
18 Minuten

Material
Wand und/oder Partner

Aushalten
jedes Asana 5 bis 10 Atemzüge halten

Wiederholungen
den gesamten Flow 1-mal

Flow 5 — PERSPEKTIVE WECHSELN

MEDITATION MIT HANDGELENKSMOBILISATION

Die Belastung der Handgelenke ist beim Handstand ungewohnt hoch und kann schnell zu Überlastung und Schmerzen führen. Daher ist es sehr wichtig, die Handgelenke zu mobilisieren und zu kräftigen. Die feinen Gelenke am Ende unsere Arme sind den hohen Druck und das Gewicht des gesamten Körpers nicht gewohnt. Achte bei allen Stützpositionen vom Vierfüßlerstand über die Hunde bis zum Handstand darauf, die ganze Hand zu belasten, auch über die Finger das Gewicht zu verteilen und nicht in den Handballen zu stehen.

Man möchte automatisch in die Außenkante der Hände rollen, aber genau da entsteht der Schmerz, denn das Handgelenk hat hier keine knöcherne Verbindung zum Unterarm und Weichteile werden gereizt.

Für die Mobilisierung der Handgelenke komm in einen bequemen Sitz und platziere die Handrücken aneinander. Hier bitte nur mit sanftem Druck arbeiten, dafür möglichst organische und kontinuierliche Bewegungen machen.

Nun beginne, die Handgelenke umeinander zu kreisen: zuerst weg von deiner Brust in einer Geste des Gebens.

Schließ die Augen dabei und spüre, was diese kraftvolle Geste in dir bewirkt. Nach 10 genüsslichen Kreisen, dreh die Bewegung um und rotiere die Handgelenke zu deinem Herzen, in einer Geste des Empfangens.

Bring danach die Handflächen aufeinander in Anjali Mudra und genieße deine Meditation.

Setz dir eine Intention, einen Wunsch oder etwas, was du gerne mehr verkörpern und verwirklichen möchtest mit „Ich bin …"

Schließ an die Meditation das Warm-up (S. 33–39) sowie Surya Namaskar A (S. 41–49) an. Sollte dir noch ein zusätzliches Asana in den Sinn kommen, füge es einfach hinzu

HERABSCHAUENDER HUND | ADHO MUKHA SVANASANA

1

▶ Der herabschauende Hund ist die perfekte Vorübung für den Handstand, da der Oberkörper bereits die richtige Ausrichtung hat. Halte den herabschauenden Hund für 10 tiefe Atemzüge.

ACHTE AUF:

Einen langen Rücken – sonst beuge deine Knie

Eine feste Core, damit du in den Schultern nicht durchhängst

Schulterbreite Position der Hände

Weit aufgefächerte Hände mit der Erdung durch die ersten drei Finger!

Spann den Beckenboden leicht an

PLANKE

2

▶ Mit dieser Übung verbinden viele eine tiefe Hassliebe, da sie sehr anstrengend ist und viel Willensstärke verlangt. Sie ist aber mindestens genauso effektiv und gesund. Halte die Planke für 5 bis 10 tiefe Atemzüge.

ACHTE AUF:

Weit aufgefächerte Hände mit der Erdung durch die ersten drei Finger

Eher leicht gebeugte Ellenbogen

Leicht runder oberer Rücken

Eine aktive Core und einen langen unteren Rücken

Gestreckte Beine und Zehen schieben in den Boden

Flow 5 PERSPEKTIVE WECHSELN

KNIE ZUM TRIZEPS

3

▶ Um auf den Händen zu stehen, braucht man eine starke Mitte, die sich super mit der nächsten Übung trainieren lässt.

Laufe aus der Planke mit den Füßen Richtung Mattenmitte

Hebe einen Fuß und presse das Knie gegen den Trizeps derselben Körperseite

Schiebe auch mit dem Arm gegen das Knie

Halte dies für drei tiefe Atemzüge

Seite wechseln

Wiederhole alles 3-mal pro Seite im Wechsel noch mal im Fluss:

AUSATMEN
Knie anheben und gegen den Arm drücken

EINATMEN
Zurücksteigen und verlagern

LIEGENDER HANDSTAND
4

▶ Die meisten Leute fallen beim Handstand in ein Hohlkreuz, da sie zuerst versuchen, die Beine nach oben zu strecken, ohne ein Gefühl dafür zu haben, wie man die Gelenke optimal kopfüber stapelt. Genau das kann man, auf dem Boden liegend, üben. Das mag einfach aussehen, ist aber höllisch anstrengend. Wer hätte gedacht, dass Rumliegen zu Schweißausbrüchen führen kann?

Leg dich auf den Bauch und strecke die Arme schulterbreit nach vorne aus

Schiebe alle 10 Fußnägel in die Matte

Aktiviere die inneren Oberschenkel und drück die Beine zusammen

Lös die Knie vom Boden

Zieh den Bauchnabel durch Aktivierung des Core nach innen und lös ihn von der Matte

Hebe die Arme von der Matte während die Stirn bleibt

Flexe die Hände, als würdest du etwas von dir wegschieben

Halte hier für 5 tiefe Atemzüge. Wiederhole es je nach Wunsch 2- bis 3-mal

Flow 5 — PERSPEKTIVE WECHSELN

DONKEY HOPS MIT PARTNER

▶ Mit dieser Übung sollst du ein Gefühl dafür bekommen, wo sich dein körpereigener Schwerpunkt befindet und wann sich dein Becken über dem Schultergürtel befindet. Meist möchte man die Beine möglichst schnell strecken, obwohl das Becken noch nicht in einer Linie mit den Händen und Schultern ist. So ist es aber kaum möglich, kontrolliert Balance zu finden.

Die Übung ist hier mit einem Partner gezeigt, was für den Anfang Sicherheit und ein direktes Feedback gibt. Man kann diese Übung aber auch gut alleine ausführen.

Komm in einen kurzen herabschauenden Hund

Beuge die Beine und komm auf die Zehenspitzen

Aktiviere deine Core und deine Armspannung

Fokussiere einen Punkt kurz vor deinen Fingern

Stoß dich mit den Beinen ab und versuche, mit dem Becken über den Händen einen Moment „Airtime" zu bekommen

Strecke die Beine auf keinen Fall nach oben!

Lass die Beine gebeugt und arbeite nur daran, den Po über die Schultern zu stapeln

Wiederhole dies 5- bis 10-mal. Mach jederzeit eine Pause, um die Arme auszuschütteln, Handgelenke zu entlasten und Kraft zu schöpfen.

DER PARTNER

Knie mit einem aufgestellten Bein 15 Zentimeter vor den Händen

Achte darauf, dass du eine feste Position hast

Halte deine dominante Hand als Stopp auf Höhe des Beckens deines Partners

Das gibt Feedback, ob das Becken weit genug oben ist, was sehr ungewohnt ist am Anfang

Falls der Partner zu viel Schwung hat, schubse ihn sanft zurück

„L" AN DER WAND

6

▶ Diese Übung ist wohl meine Lieblings-Handstandübung und eine perfekte Ergänzung zu den Donkey-Hops. Hier kannst du ganz bewusst das Gewicht auf deine Hände verlagern und deinen Schwerpunkt über die Schulter bekommen. Lass bei sehr verkürzten Oberschenkelrückseiten die Beine lieber leicht gebeugt.

Setz dich mit den Fußsohlen an die Wand und miss so den Abstand

Platziere die Hände an die Stelle deines Pos

Laufe mit den Füßen bis Hüfthöhe an der Wand hoch. Das ist viel niedriger, als du zunächst denkst!

Schiebe die Fußsohlen wie beim Abmessen in die Wand und streck die Beine. Achtung, anstrengend.

Die ersten Male hier erstmal Kraft aufbauen

Wenn du dich kopfüber schon wohlfühlst, streck ein Bein nach oben

Schiebe aktiv in die Hände und finde das Gefühl, das du im Handstand auf dem Bauch hattest

Bringe immer mehr Gewicht in die Hände und löse einen Fuß vorsichtig von der Wand

Balanciere auf den Händen

Flow 5 — PERSPEKTIVE WECHSELN

HANDSTAND AN DER WAND

▶ Handstand an der Wand ist wohl der Klassiker, wenn es ums Üben geht. Dies ist aber nur wirklich effektiv und hilfreich, wenn man nicht in die typische Bananenhaltung, also in ein Hohlkreuz, fällt. Im freien Raum Kopf-, Unterarm- oder Handstand zu üben ist mir persönlich lieber, da das irgendwann das Ziel ist. Ist die Angst vor dem Rückwärts-Umkippen noch groß, gibt die Wand vielen allerdings Sicherheit.

Versuche, beim Hochschwingen die Balance auf den Händen zu finden, bevor du mit zu viel Schwung die Beine gegen die Wand kickst

Pendle dich mit dem Fuß ein, ohne zu abhängig von der Wand als Hilfsmittel zu werden

Hier einfach eine Runde spielen, sobald die Kraft aus den Armen ausgeht, Pause machen. Dazu eignet sich Balasana (S. 35) perfekt

Fließe abschließend in das Cool-down (S. 117–125) und schließ deine Yogapraxis mit Savasana (S. 125)

7

Flow 6

POSITIVE ENERGIE

Es gibt diese Tage, an denen man das Gefühl hat, man könne die Negativität nicht abschütteln. Sie folgt einem wie eine kleine Regenwolke überall hin. Man wacht auf und die Welt scheint sich einfach gegen einen verschworen zu haben. Alles geht schief. Die Schwingungen und Vibrationen, die du an solchen Tagen in das Universum schickst, sind niedriger. Zusätzlich empfängst du auf derselben Frequenz ebenfalls nur Negatives.
Die Lösung: Frequenz anheben. Wie? Den Körper anstrengen, den Kopf frei bekommen, und schon steigen Laune und Frequenz. Genau dabei soll dir dieser Flow helfen: positive Energie tanken.

Dauer
20 Minuten

Material
Block

Aushalten
jedes Asana 3 Atemzüge halten

Wiederholungen
1-mal jedes Asana halten, dann 3- bis 5-mal im Fluss

Flow 6 POSITIVE ENERGIE

DANKBARKEITSMEDITATION

Setz dich bequem auf den Boden oder auf ein Kissen und leg deine Hände mit den Handflächen nach unten auf dein Anahata – dein Herz-Chakra. Diese Meditation ist eine Dankbarkeitsmeditation und kann immer wieder und zu jeder Zeit ausgeführt werden. Wenn man sich einen Moment nimmt und aufzählt, wofür man dankbar ist, kommt man ganz einfach vom Mangel in die Fülle.

Schließ die Augen. Zähle 5 Dinge auf, für die du dankbar bist, und wiederhole diese in deinem Kopf für 5 Minuten. Dinge, wie die Menschen in deinem Leben, den Sonnenschein, deinen gesunden Körper, die Möglichkeit, den eigenen Träumen nachzugehen, deinen Atem, jeder neue Tag, alle Möglichkeiten, die dir offen liegen ... Es gibt nichts, was zu groß oder zu klein ist, um es in diese Meditation einzubauen.

Schließ an die Meditation das Warm-up (S. 33–39) sowie Surya Namaskar A (S. 41–49) an. Sollte dir noch ein zusätzliches Asana in den Sinn kommen, füge es einfach hinzu.

MALASANA | YOGI SQUAT
1

- Bau Malasana nach dem Warm-up für 5 bis 10 Atemzüge ein.
- Platziere die Füße ungefähr hüftbreit oder weiter auseinander und lass die Zehen nach außen zeigen
- Setz dich tief
- Bring die Handflächen zusammen und die Ellenbogen innen an die Oberschenkel
- Schiebe mit den Ellenbogen gegen die Beine und andersherum
- Versuche dadurch, immer mehr die Wirbelsäule aufzurichten
- Schiebe aktiv mit den Füßen in die Matte

HINWEIS
Malasana hilft bei Schmerzen im unteren Rücken, die durch langes Sitzen oder Stehen hervorgerufen werden.

Flow 6 POSITIVE ENERGIE

HERABSCHAUENDER HUND | ADHO MUKHA SVANASANA

2

▶ **AUSATMEN (VERWEILEN)**

Komme aus Tadasana am Ende des Sonnengrußes in deinen herabschauenden Hund

Tipp

Egal, wie oft du den Hund schon gemacht hast, gehe immer wieder alle Punkte durch und korrigiere deine Ausführung.

DREIBEINIGER HUND MIT OFFENER HÜFTE

3

▶ **EINATMEN (VERWEILEN)**

Hebe das rechte Bein zum dreibeinigen Hund

Öffne die Hüfte und staple sie übereinander

Zieh die Ferse zur anderen Pobacke und das Knie zur Decke

Lass die Schultern parallel und die Flanken lang

WILD THING
4

▶ **AUSATMEN**

Verlagere das Gewicht langsam auf die Standbeinseite

Bring den Ballen des rechten Fußes hinter dir auf die Erde

Löse die Hand derselben Körperseite von der Matte

EINATMEN (VERWEILEN)

Schiebe fest in die Hand und die Füße

Hebe das Becken nach oben und lehne dich aus dem Oberkörper zurück

Kreiere eine gleichmäßige Biegung in deiner gesamten Wirbelsäule

Zieh den rechten Arm über den Kopf und folge mit dem Blick

AUSATMEN

Bring den Arm wieder Richtung Matte zurück

Senke das Becken etwas ab

Aktiviere deine Core für einen kontrollierten und kraftvollen Übergang

Flow 6 POSITIVE ENERGIE

SEITSTÜTZ (VARIATION) | ARDHA VASISTHASANA (VARIATION)

▶ **EINATMEN**
Stoß dich von deinem rechten Fuß ab

Finde die Liegestützposition mit gehobenem Bein

Die Schultern befinden sich genau über den Händen

AUSATMEN
Zieh das rechte Knie nach links zum Ellenbogen

Streck es auf Hüfthöhe oder höher auf die linke Seite

EINATMEN (VERWEILEN)
Verlagere das Gewicht auf den rechten Arm und löse links

Dreh den hinteren Fuß auf die Matte

Kreiere eine Linie mit den Armen wie bei Trikonasana und hebe den Blick

TAUBE MIT RÜCKBEUGE | EKA PADA RAJAKAPOTASANA
6

▶ **AUSATMEN**

Komm wieder in die Liegestützposition

Zieh das rechte Knie zur rechten Hand und den Fuß in Richtung linke Hand

Setz dich ab in die Taube

EINATMEN (VERWEILEN)

Bleib aufrecht mit der Wirbelsäule und kreiere eine leichte Rückbeuge

Platziere die Hände neben dem Becken oder etwas nach hinten versetzt

Zieh den linken Hüftknochen nach vorne, während der rechte nach hinten zieht

Flow 6 POSITIVE ENERGIE

TAUBE MIT VORBEUGE | EKA PADA RAJAKAPOTASANA

7

▶ **AUSATMEN (VERWEILEN)**
Komm auf die Unterarme oder leg den Oberkörper ab

Achte immer noch auf eine parallele Hüfte

EINATMEN
Komme in den dreibeinigen Hund

AUSATMEN
Steig zwischen die Hände

Bereite dich für Virabhadrasana II vor

KRIEGER II | VIRABHADRASANA II
8

▶ **EINATMEN**
Aktiviere deine Beine

Die Arme bringen dich mit einer Windmühlenbewegung zum Stehen

AUSATMEN (VERWEILEN)
Beuge das vordere Knie tief, bis das Knie über dem Knöchel ist und der Oberschenkel möglichst parallel zum Boden

Breite die Arme zu den Seiten aus

Dein Blick geht über den Mittelfinger des vorderen Arms

Flow 6 POSITIVE ENERGIE

HALBMOND | ARDHA CHANDRASANA

9

▶ **EINATMEN**
Verlagere das Gewicht in den vorderen Fuß

Bring die rechte Hand diagonal vorne unter die Schulter auf den Boden oder auf einen Block

AUSATMEN
Stoß dich vom hinteren Bein ab und hebe es parallel zum Boden an

Flex aktiviert den Fuß, als würdest du gegen eine Wand schieben

Streck das Standbein und finde Balance zwischen dem Bein und dem Arm

EINATMEN (VERWEILEN)
Breite die Arme weit aus

Staple die Hüftknochen übereinander und verlängere deine Flanken

Richte den Blick nach oben, falls möglich

VINYASA

▶ AUSATMEN
Beuge das Standbein und komm in einen tiefen Ausfallschritt

EINATMEN
Steig in deine Liegestützposition

AUSATMEN
Chaturanga Dandasana

EINATMEN
Bhujangasana (Kobra) oder Urdhva Mukha Svanasana (heraufschauender Hund)

AUSATMEN
Adho Mukha Svanasana bzw. herabschauender Hund

Wiederhole den Flow 1-mal, indem du jedes Asana lange hältst, danach 3- bis 5-mal pro Seite im Fluss

Fließe abschließend in das Cool-down (S. 117–125) und schließ deine Yogapraxis mit Savasana (S. 125)

»*Unsere wahre Aufgabe ist es, glücklich zu sein.*«
– *Dalai Lama*

COOL DOWN

Das Cool-down ist eine Mischung aus Dehnungshaltungen und Gegenbewegungen, um den Körper wieder auszubalancieren und die Regeneration einzuleiten. Lass bei den Übungen die Ausatmung immer tiefer und länger werden, das beruhigt zusätzlich das gesamte Nervensystem.

Dauer	Material	Aushalten	Wiederholungen
15–20 Minuten	Decke	Halte jedes Asana 5 bis 10 Atemzüge	1-mal komplett durchführen

COOL-DOWN

HERZÖFFNUNG | ANAHATASANA
1

- Komm in den Vierfüßlerstand
- Lass das Becken über den Knien und laufe mit den Händen nach vorne
- Senke den Brustkorb Richtung Matte
- Leg die Stirn oder das Kinn ab
- Bleib aktiv in den Armen und schiebe in die Hände
- Zieh den Bauchnabel leicht nach innen, um nicht ins Hohlkreuz zu fallen

EINATMEN
Spür die Länge in der Wirbelsäule

AUSATMEN
Brustkorb weicher werden lassen

AUF DEM BAUCH RUHEN
2

▸ Beuge die Ellenbogen aus Anahatasana und gleite auf den Bauch

Lass die Fersen auseinanderfallen

Leg die Stirn auf den Händen ab

Gib dein Gewicht ab

Mach die ruhigeren Asanas mit genauso viel Konzentration und Hingabe wie alle anderen

KIND | BALASANA
3

▸ Balasana ist die perfekte Allzweckhaltung, wenn es mal zu anstrengend wird oder du einfach eine Pause brauchst.

Die großen Zehen berühren sich

Knie leicht offen

Oberkörper ruht auf der Innenseite der Oberschenkel

Stirn auf dem Boden

Arme lang nach vorne gestreckt

EINATMEN
Werde weich im Bauch und weit über die Schulterblätter

AUSATMEN
Erde dich

STOCK | DANDASANA
4

Tipp
Setz dich auf eine zusammengerollte Decke oder ein Kissen als Erleichterung.

▸ Roll dich aus Balasana hoch, schwing die Beine über die Seite nach vorne und komm mit gestreckten Beinen zum Sitzen. Dandasana ist eigentlich „nur" sitzen, aber nicht zu unterschätzen.

Platziere die Beine hüftbreit und zieh die Zehen aktiv an, als würdest du stehen

Wie bei Uttanasana roll die Oberschenkel leicht nach innen, damit du Platz im unteren Rücken bekommst

Setz dich ganz aufrecht hin und unterstütze die Aufrichtung in der Wirbelsäule mit den Händen

Aktiviere deine Core und finde das Gefühl von Tadasana im Oberkörper

SITZENDE VORWÄRTSBEUGE | PASCHIMOTTANASANA
5

▸ Versuch nicht, irgendwie an die Zehen zu kommen, sondern versuch, dich mit möglichst langem Rücken nach vorne zu lehnen. Bleib entspannt, lass nicht das Ego überhand nehmen und zerre nicht mit Gewalt den Kopf zu den Knien.

EINATMEN
Lehn dich sanft mit langem Rücken nach vorne

AUSATMEN
Lass dich weich nach vorne fallen

Entspanne den Nacken

SCHULTERBRÜCKE | SETU BANDHA SARVANGASANA
6

- Roll dich von Paschimottanasana direkt weiter auf den Rücken.

- Stell die Füße hüftbreit so nah an das Gesäß, dass du mit den Fingern die Fersen berühren kannst

- Schiebe die Schulterblätter und die Handflächen fest in die Matte

EINATMEN
Schieb so fest in die Füße, dass sich das Becken hebt und du auf den Schultergürtel kommst

- Entspanne dein Gesäß und lass die Knie nicht nach außen fallen

- Lass den Nacken lang

- Lass die Beine die Arbeit machen

AUSATMEN
Komm kontrolliert und langsam zurück

- Bring die Füße mattenbreit auseinander

- Lass die Knie für 3 Atemzüge zusammenfallen

Tipp

Bau danach bei Bedarf das ganze Rad – Urdhva Dhanurasana – ein. Komme zuerst auf die Kopfkrone, bevor du die Arme streckst.

KNIE ZUR BRUST

▸ Massiere nach der Rückbeuge deinen Rücken, indem du die Knie zur Brust ziehst und mit deinem unteren Rücken sanft Kreise auf deiner Matte malst. Konzentriere dich immer mehr auf deine Ausatmung und lass sie tiefer und länger werden. Bewusst herunterfahren.

7

EINFACHER TWIST | JATHARA PARIVARTANASANA

8

▸ Die Drehung entspannt deinen unteren Rücken und massiert deine inneren Organe.

AUSATMEN
Lass die Knie sanft auf eine Seite fallen und schenke dir eine leichte Drehung

Gib dein Gewicht komplett an die Matte ab

EINATMEN
Bring die Knie zurück in die Mitte

Wiederhole dies auf der anderen Seite

COOL-DOWN

BEINE AN DER WAND | VIPARITA KARANI

9

Tipp
Du kannst hier auch jederzeit einen Schulterstand oder Kopfstand einbauen, falls dies Teil deiner Praxis ist.

▸ Inversionen sind wohl die wichtigsten Haltungen im Yoga: Herz über Kopf und alles umdrehen. Für diese Haltung kannst du dir ein Kissen, eine zusammengefaltete Decke oder einen Block unter dein Kreuzbein/Steißbein legen. Als Option kannst du auch, wie der Name der Haltung verrät, die Beine an einer Wand ablegen und vollkommen entspannen.

Bleibe hier mindestens 10 Atemzüge

HAPPY BABY | ANANDA BALASANA

10

Tipp
Falls du nicht entspannt nach den Füßen greifen kannst, hake deine Unterarme in die Kniekehlen und zieh die Knie zu dir.

▸ Diese Position ist wie Balasana oder Malasana ein Rückenheiler, gut für die Verdauung und entspannt die Hüften. Die perfekte Positionen gegen Stress!

Greife von innen an den Knien vorbei über deinen Fußrist nach den Außenkanten deiner Füße

Bring die Fußsohlen parallel zur Decke und lass die Knie am Brustkorb vorbeischmelzen

Versuche, nun den unteren Rücken zurück zum Boden zu bringen

Entspanne den Nacken und den Schultergürtel

SCHMETTERLING IM LIEGEN

11

▸ Genau wie im Sitzen beruhigt der Schmetterling auch im Liegen die Nerven und Gedanken. Dazu kreiert er Platz um die Schlüsselbeine und zieht die Arme lang.

- Greif mit beiden Händen um die Füße und verschränke die Finger
- Lass die Knie nach außen fallen
- Roll die Schulterblätter nach hinten-unten

ENDENTSPANNUNG | SAVASANA

12

Tipp
Stell dir einen angenehmen Weckton ein oder spiele einen sanften Musik-Track, der etwa 5 bis 10 Minuten dauert.

▸ Savasana ist wohl der schönste Teil einer Yogastunde. In der Ruhephase nach der physischen Praxis haben Körper und Geist die Möglichkeit zu absorbieren, welche Eindrücke und Impulsen auf sie niedergeprasselt sind.

- Leg dich auf den Rücken
- Lass die Füße hüftbreit nach außen fallen
- Leg die Hände neben dich oder auf deinen Bauch
- Deck dich zu oder zieh dir was über
- Mach es dir unendlich gemütlich und beobachte deinen Atem

BALANCE

PARTNER YOGA

Diese Sequenz ist eine Inspiration, um auch mit dem Partner/der Partnerin, genauso wie mit Freund oder Freundin Yoga zu praktizieren. Einfach mal auf eine andere Art und Weise ein wenig Zeit verbringen. Diese Folge eignet sich perfekt, um sie nach dem Flow zum Thema „Perspektive wechseln" zum Entspannen vor Savasana einzubauen.

Yoga wird gerne mal zu einer sehr ernsten Angelegenheit, was bei der hohen Konzentration auch verständlich ist, aber am Ende ist es eine positive, lebensbejahende Lehre. Also gerne mal lachen, ausprobieren und gemeinsam genießen. Das Leben ist doch oft ernsthaft genug.

Dauer	Material	Aushalten	Wiederholungen
ca. 15 min	Partner	Jede Haltung ca. 5 bis 10 Atemzüge halten	1-mal

Flow ZUSAMMEN PARTNER-YOGA

RÜCKEN AN RÜCKEN

▸ Setzt euch Rücken an Rücken in eine bequeme Position, möglichst nah, und lehnt euch unterstützend aneinander. Bringt die Hände in Anjali Mudra oder legt sie in den Schoß. Versucht, mit geschlossenen Augen den Atem des anderen durch den Rücken zu spüren und einen gemeinsamen Rhythmus zu finden.

Nur die Unterstützung und Wärme des Partners am Rücken spüren und für ca. 5 Minuten in gemeinsamer Meditation sitzen

1

HUNDEPYRAMIDE 2

▶ Hier könnt ihr euch gegenseitig angenehm erden, einmal im Hund und einmal in der Kindshaltung. Falls ihr „Perspektive wechseln" davor bereits gemacht habt, kann man hier ideal den Handstand üben.

Partner 1 geht in den herabschauenden Hund relativ am Ende der Matte. Beuge die Beine, falls du das brauchst

Partner 2 platziert seine Hände ca. fünf bis zehn Zentimeter vor Partner 1

Steige kontrolliert zuerst mit dem einen Fuß auf die Hüfte von Partner 1, nimm dann den zweiten Fuß dazu. Die Füße auf keinen Fall auf den unteren Rücken, die Lendenwirbelsäule, stellen, sondern weiter unten am Rücken, eher auf den Beckenschaufeln oder dem Kreuzbein, positionieren

Partner 2 streckt die Beine und kommt wie bei „L an der Wand" mit dem Becken über die Hände und schiebt Partner 1 weg

Von hier kann man auch mal ein Bein heben oder sogar den Handstand versuchen

Danach geht Partner 1 in das Kind, während Partner 2 das Becken nach hinten unten schiebt. Die Hände am besten an der Stelle positionieren, wo gerade die Füße waren. Hier kann man fast nicht zu fest drücken, aber trotzdem immer Feedback geben, falls etwas unangenehm ist

Dann wechseln

RÜCKEN AN RÜCKEN
3

▶ Setzt euch wie bei der Anfangsmeditation Rücken an Rücken in Baddha Konasana.

AUSATMEN
Partner 1 lehnt sich zurück, während Partner 2 sich nach vorne lehnt. Eine wunderschöne Partnerübung, da Partner 1 eine sanfte Rückbeuge und Herzöffnung und Partner 2 eine Hüftöffnung und Vorbeuge bekommt

EINATMEN
Gemeinsam aufrichten

Dann einfach umdrehen

Das geht natürlich mit unterschiedlichen sitzenden Vorbeugen wie Paschimotanasana, Janu Sirsasana oder der doppelten Taube

UMGREIFEN
4

▶ Setzt euch zum Abschluss gegenüber und greift mit dem rechten Arm hinter dem Rücken nach der linken Hand des anderen.

AUSATMEN
Zieht den Partner in eine sanfte Drehung und lasst den linken Arm lang

EINATMEN
Kommt mit der Einatmung aus der Drehung

Wechselt die Seiten

Tipp

Bei der Drehung werden die Organe massiert. Der Arm am Rücken massiert zudem die Nieren.

MOTIVATION

Hier habe ich ein paar Tipps und Motivationen für dich zusammengeschrieben:

- Dein Körper, dein Geist oder deine Praxis müssen sich nicht immer gleich anfühlen. Es gibt so unendlich viele Einflüsse, die die Voraussetzungen verändern. Gib dir Raum, genau so zu sein, wie du heute bist.

- Falls sich eine Haltung wahnsinnig gut anfühlt, kann sie nicht so schlecht für dich sein. Das heißt im Rückschluss jedoch nicht, dass alles, was ein wenig unangenehmer ist, schlecht für dich ist.

- Vergleiche dich nicht mit den Fotos im Buch, mit jemandem neben dir in der Yogastunde und erst recht nicht mit Fotos in den sozialen Medien: Jeder Körper ist so unterschiedlich, und Yoga ist für dich, für dich alleine und niemanden sonst.

- Scheitern, umfallen oder die Balance verlieren sind wichtig und eigentlich sogar Pflicht. Denn das gehört zum Leben und nicht nur zu Yoga. Es gibt nichts, was dir besser zeigt, wann du noch weitergehen kannst und wann du einen Schritt zurückgehen solltest, wenn du mal gefallen bist. Wenn du bei schwierigen Balancepositionen lernst, herauszufallen, gibt es nichts, was dich zurückhalten sollte, es noch mal zu üben.

- Der Weg ist das Ziel. Ein oft gehörter Spruch, aber nicht weniger wahr. Wann „kann" man denn schon Yoga oder eine Haltung? Immer, wenn ich denke, ich stehe perfekt in einer Haltung, kommt mein Lehrer Simon vorbei und korrigiert an jeder Ecke noch ein kleines Stück. Wenn ich dann glaube, jetzt perfekt zu stehen, wiederholt er die Prozedur. Hör niemals auf, ein Schüler zu sein und höre nimals auf, Neues zu lernen.

- Verlier dich nicht in den Tricks und erzwinge nichts, am Ende geht es um genau zwei Dinge: gesund und glücklich zu sein.

- Übernimm Verantwortung für deine eigene Praxis. Das Buch oder ein Lehrer sind wie dein Navi: Sie zeigen dir den besten Weg, aber fahren und bei Rot bremsen musst du selbst.

- Jeder einzelne Körper ist unterschiedlich, daher sieht auch jedes Asana bei jedem Einzelnen anders aus. Versuche, die für dich beste Variante zu finden. Die Fotos in diesem Buch sind Beispiele: Variiere die Asanas, indem du die Knie beugst oder ablegst, die Arme mehr oder weniger streckst usw. Sie sollen zu deinem Körper und zu deinem aktuellen Zustand passen.

- Mache mit Yoga deinem Körper ein Kompliment – schrei ihn nicht noch mehr an und erwarte, dass er funktioniert, wie du es dir vorstellst. Höre auf deinen Körper, er sagt dir genau, was er braucht und was ihm gut tut. Sein einziger Zweck ist es, dir als Hülle zu dienen und dich gesund und möglichst lange am Leben zu halten.

- Yoga ist nicht etwas für Männer oder Frauen, groß oder klein, jung oder alt. Yoga ist für Menschen.

GLOSSAR

ADLER

ARMKREISE

AUF DEM BAUCH RUHEN

AUSFALLSCHRITT RECHTS VOR

BEINE AN DER WAND

BERG

BERG MIT ERHOBENEN ARMEN

CHATURANGA DANDASANA

DELFIN BZW. PINCHA PREP

DONKEY HOPS

DREIBEINIGER HUND

DREIECK

EINBEINIGE VORWÄRTSBEUGE IM SITZEN

EINBEINIGER BERG

EINBEINIGER LIEGESTÜTZ

EINFACHER TWIST

ENDENTSPANNUNG

GEDREHTE EINBEINIGE VORWÄRTSBEUGE IM SITZEN

HALBE STEHENDE VORWÄRTSBEUGE

HALBER DREHSITZ

 HALBER STUHL
 HALBER SPAGAT
 HALBMOND
 HANDSTAND

 HAPPY BABY
 HELDENSITZ
 HERABSCHAUENDER HUND
 HERAUFSCHAUENDER HUND

 HOHER AUSFALLSCHRITT
 KATZE
 KIND
 KNIE ZUM BRUSTKORB STEHEND

 KNIE ZUM TRIZEPS
 KNIE ZUR STIRN
 KOBRA
 KRIEGER I

 KRIEGER II
 KUH
 LIEGENDER HANDSTAND
 LIEGESTÜTZ TWIST

GLOSSAR

LIEGESTÜTZPOSITION

NIEDRIGER AUSFALLSCHRITT

NIEDRIGER AUSFALLSCHRITT MIT OBERSCHENKEL-STRETCH

NIEDRIGER AUSFALLSCHRITT MIT TWIST

PLANKE = HALBES BRETT = SCHIEFE EBENE

PYRAMIDE

SCHMETTERLING IM LIEGEN

SCHULTERBRÜCKE

SCHWEBENDER VIERFÜSSLERSTAND

SEITLICHER AUSFALLSCHRITT (KUNGFU-ARMEN)

SEITLICHER WINKEL

SITZENDE VORWÄRTSBEUGE

SONNENGRUSS

STEHENDE VORWÄRTSBEUGE

STERN

STOCK

STUHL

STUHL MIT TWIST

TANZENDER KRIEGER

TAUBE

 TIEF FLIEGENDER KRIEGER
 TISCH
 SEITSTÜTZ (VARIATION)
 UNTERARMSTAND

 WILD THING
 YOGI SQUAT
 ZURÜCKGELEHNTES DREIECK

Über die Autorin

Ich werde gerne als positives Energiebündel bezeichnet, was mich sehr ehrt. Ich selbst würde mich eher als verplante Optimistin bezeichnen, die gerne versucht, immer ein paar mehr Dinge als möglich in den Terminplan zu stopfen. 24 Stunden am Tag reichen manchmal einfach nicht aus für die ganzen wunderschönen Möglichkeiten, die die Welt uns bietet.

Wenn ich gefragt werde, was ich mache, weiß ich oft nicht, wo ich anfangen soll: Yogalehrerin? Bloggerin? Sportmodel? Ballet Barre Trainerin? Sportwissenschaftlerin? Nun auch Autorin? Vielleicht trifft es so etwas wie „conscious lifestyle warrior" oder „happiness ambassador" am besten. Denn das, was mich antreibt, ist, anderen Menschen ein gutes Gefühl zu geben, ein wenig zum Glück und zur Zufriedenheit von anderen Menschen beizutragen. Ob es nun durch ein anstrengendes Ballet-Barre-Fitness-Workout geschieht, durch eine genussvolle Yogastunde, durch das Vermitteln von Hintergrundwissen zu Sportwissenschaft, Training und Ernährung, durch eine kleine Inspiration auf meinem Blog und Social Media oder durch einen Moment Wohlfühlen mithilfe eines Flows aus diesem Buch. Die Energie, die ich zurückbekomme, von meinen Power Ladies oder meinen groovenden Yogis ist absolut unbezahlbar und treibt mich immer weiter an. Wenn ich manchmal auf eine besonders geschäftige Phase zurückblicke, wo ich mal wochenlang komplett durchgearbeitet habe, von A nach B gedüst bin, da noch ein Shooting hatte, hier noch einen Workshop und am besten alles gleichzeitig, dann frage ich mich, woher die Energie kam. Aber wenn man etwas wirklich liebt, dann gibt es keine Grenzen, die einem sagen, was man bereit ist zu tun, wie viel Kraft man hat und wie weit man gehen kann. Ich glaube ganz fest an Karma, daran, dass alles einen Grund hat und wir genau auf der Frequenz empfangen, auf der wir etwas in die Welt aussenden (Sieben Regeln des Universums). Hier ein kleines Geheimnis: Es lief nicht immer so bei mir, aber mit einem Funken Vertrauen ins Universum und einem offenen Herzen ist alles möglich.

In das alles bin ich irgendwie hineingerutscht; so Stück für Stück hineingeschlittert mit ein wenig Anschub hier, und da dem Glück etwas nachgeholfen, aber es gab nie einen wirklichen Plan. Genau das mache ich am allerliebsten: mit dem Flow gehen, offen für alles sein und sehen, was passiert. Natürlich funktionieren die Dinge, die man sich auflädt und anpackt mal nicht, aber mit jedem neuen Projekt und jeder Zusammenarbeit oder jedem Angebot lernt man sich selbst und vor allem seine Fähigkeiten besser kennen. Das Schwierigste für mich ist es, mir selbst treu zu bleiben mit einer wilden Mischung aus Oberflächlichkeit, die Social Media, Fitness und Modeln unvermeidbar mit sich bringen, und den Dingen, die das Herz berühren, welche aber oft nicht die lukrativsten aller Geschäfte sind. Am Ende gilt für mich die Devise: Alles in Balance.

Ich bin eine gebürtige und waschechte Münchnerin auf dem besten Weg auf die Dreißig zu. Mein Name stammt aus dem Tatort „Reifeprüfung" mit Nastassja Kinski, und ich habe kleine Stücke meines Herzens in Kanada, New York, Kapstadt und Bali gelassen. Mir liegt unsere Umwelt und ihre Erhaltung sehr am Herzen, und ich versuche, an allen Ecken und Enden auf meinen ökologischen Fußabdruck zu achten. Das ist wahnsinnig schwierig, aber jeder noch so kleine Schritt zählt.

Studiert habe ich „Wissenschaftliche Grundlagen des Sports" an der TU München. Da ich absolut keine Studentin – zu viel Herumhocken und Sich-Berieseln-Lassen – und viel zu hibbelig bin, begann ich parallel zu meinem Studium eine Ausbildung zur zeitgenössischen Tänzerin und Tanzpädagogin an der Iwanson International. Ich schloss beide Ausbildungen im Jahr 2013 ab. Danach ging es für einen längeren Auslandsaufenthalt nach New

York zum Trainieren und Fortbilden im Bereich Tanzmedizin und Tanztraining. Der Big Apple hat auch auf mich diese ganz besondere Anziehungskraft. Ich wundere mich kein bisschen, dass so viele Geschichten dort handeln und es so viele Lieder, Gedichte und Bücher über die Stadt der Städte gibt. Als ich schweren Herzens, aber bereit für das echte Leben, nach München zurückgekehrt war, ging es los mit dem Unterrichten von Jazz und Ballet Barre in der Heimatstadt. Ein Heimspiel, denn ich gebe bereits seit meinem 16. Lebensjahr Kurse.

Wie so viele Dinge kam Yoga von ganz alleine in mein Leben. Und was soll ich sagen, es passt wie die Faust aufs Auge. Es ist mittlerweile einer der wichtigsten und präsentesten Teile in meinem Leben. Von einer einfachen Sportstunde wurde es zu meiner persönlichen Lebenseinstellung. Nach meiner ersten Ausbildung auf Bali in Vinyasa Krama war ich so tief beeindruckt von all den unterschiedlichen Aspekten des Yoga und der wunderschönen Philosophie dahinter, dass ich einfach immer und immer mehr wollte.

Ich habe nun zwei traumhafte Ausbildungen absolviert und kann es kaum erwarten, herauszufinden, wohin mich der Yogaweg noch so bringen mag – Yoga fühlt sich definitiv an wie die große Liebe.

Ich freue mich, wenn sich unsere Wege einmal kreuzen – und wer weiß, was der Flow des Lebens noch so alles bereit hält für dich und für mich.

Wenn du noch mehr über mich erfahren, meine Kurse besuchen oder mit mir in Kontakt treten möchtest, dann schau dir doch mal meinen Blog und meine Social-Media-Kanäle an:
www.sinahdiepold.de
Instagram: @xploreyourfit_by_sinah
Facebook: Xploreyourfit by Sinah

Dank

Projekte wie dieses Buch entstehen natürlich nicht ohne die Hilfe von zahlreichen wundervollen Menschen, die einem ihre Inspiration, Motivation und Vertrauen schenken, aber natürlich auch ihre herausragenden Talente zur Verfügung stellen.

Ich weiß, dass ich noch als alte Dame im Schaukelstuhl sitzend meine Urenkel damit nerven werde, wenn ich abermals von meinem Yoga-Buch und den Menschen erzähle, die dabei waren. Nochmals und nochmals werde ich betonen wie jung und sportlich ich doch mal war, wie man früher ein Buch gemacht hat, und dass ja damals alles anders war. Das ist nur möglich, dank dieser ganz besonderen Menschen.

Mein ganz besonderer Dank für die Erfüllung eines Herzenswunschs geht an meine Eltern. Danke, dass ihr mir bei allen noch so wilden Ideen eure untrübsame Begeisterung und auch Ehrlichkeit entgegenbringt.

Danke an meinen Lukas, nicht nur als perfektes männliches Model, sondern auch für deinen klaren Blick. Du stellst genau die richtigen Fragen an den richtigen Stellen. Danke für das ehrliche und immer hilfreiche Feedback, dass du wochenlang auf den Esstisch verzichtet hast, damit ich Platz zum Schreiben hatte, und vor allem für deine wundervolle innere Ruhe.

Danke an dich, Susanne. Wie du dich mehr als nur reingehängt hast, um dieses Buch mit deinen Fotos zum Leben zu erwecken und deine beneidenswert entspannte Art, wenn ich mal wieder Abflugzeiten verplane, zu spät komme oder oben nicht von unten unterscheiden kann.

Danke an Fritzi, Holger und Sophia, dass ihr das Shooting mit eurer Hingabe zum Erlebnis gemacht habt und ich so froh bin, dass genau ihr dabei wart.

Saskia, danke für dein Vertrauen und dass du mir diese Möglichkeit gegeben hast etwas von Herzen zu kreieren. Ach und natürlich für jeden bösen Blick, wenn ich dich mal wieder zum Schwitzen bringen darf.

Danke Bruderherz, du warst der Initiator überhaupt mit dem Schreiben anzufangen und hast an mich geglaubt, als ich es nicht tat.

A big Thank You goes to Simon for supporting me in creating the flows, the huge impact he has on my practice and the beautiful teachings that inspire me so deeply. You definitely gave me that last little nudge of confidence I needed.

Vielen Dank Lululemon für die Ausstattung, Unterstützung und dass ich mich so stark und schön in eurer Kleidung fühlen kann.

Ein großes Dankeschön geht auch an all die wundervollen Yogis, die in meinen Kursen, Retreats und Workshops mit solch einer Hingabe praktizieren, mir ihre Zeit und Vertrauen schenken. Danke, dass ich so viel von euch lernen darf und ihr immer jeden Schabernack und jede Spielerei mitmacht.

Über die Fotografin

Susanne Schramke hat schon immer leidenschaftlich gern fotografiert. Ihre Begeisterung überträgt sich auf ihre Motive – mit ihrem geschulten Blick offenbart sie das beste und das wahre Ich der Menschen vor ihrer Linse. Im Regelfall sogar beides gleichzeitig. Genau das liebt sie an ihrem Job: die Menschen, die sie dabei kennen lernt und was sie von ihnen erfährt: vom Vorstand eines Dax-Unternehmens genauso wie von dem vierjährigen Mädchen aus einem südafrikanischen Township.

Um Geschichten nicht nur zu fotografieren, sondern zu erleben, wagt sich die Münchnerin aufs Eis in Skandinavien, in verwinkelte Gassen berüchtigter Metropolen oder in den Morgennebel der bayerischen Voralpen. Extremsportler, Manager, Tänzer, Yogis oder unbekannte Nachbarn – Inspiration ist überall.

www.susanneschramke.com

Impressum

Bibliografische Information der Deutschen Bibliothek.
Die Deutsche Bibliothek verzeichnet diese Publikation in der Deutschen Nationalbibliografie.
Detaillierte bibliografische Daten sind im Internet über http://www.dnb.de/ abrufbar.

Alle in diesem Buch veröffentlichten Abbildungen sind urheberrechtlich geschützt und dürfen nur mit ausdrücklicher schriftlicher Genehmigung des Verlags gewerblich genutzt werden. Eine Vervielfältigung oder Verbreitung der Inhalte des Buchs ist untersagt und wird zivil- und strafrechtlich verfolgt. Das gilt insbesondere für Vervielfältigungen, Übersetzungen, Mikroverfilmungen und die Einspeicherung und Verarbeitung in elektronischen Systemen.

Die im Buch veröffentlichten Aussagen und Ratschläge wurden von Verfasserin und Verlag sorgfältig erarbeitet und geprüft. Eine Garantie für das Gelingen kann jedoch nicht übernommen werden, ebenso ist die Haftung der Verfasserin bzw. des Verlags und seiner Beauftragten für Personen-, Sach- und Vermögensschäden ausgeschlossen.

Bei der Verwendung im Unterricht ist auf dieses Buch hinzuweisen.

EIN BUCH DER EDITION MICHAEL FISCHER

1. Auflage 2018

© 2018 Edition Michael Fischer GmbH, Igling

Covergestaltung: Michaela Zander
Lektorat: Saskia Wedhorn, Anna Schmitt
Layout und Satz: Michaela Zander
Fotos: Susanne Schramke, München
Logo: Anna Mayer, annaeins design, München
Licht: Holger Welter / Lichtkollektiv, München
Korrektorat: Asta Machat, München
Hair & Make-up: Fritzi Feldmann, München

ISBN 978-3-86355-910-6

Printed in Slovakia

www.emf-verlag.de